Power of speech

谈话的力量

吴利元 / 吴小芳 ◎ 著

文匯出版社

图书在版编目 (CIP) 数据

谈话的力量 / 吴利元，吴小芳著 . — 上海 : 文汇出版社，2018.6
ISBN 978-7-5496-2583-3

Ⅰ . ①谈… Ⅱ . ①吴…②吴… Ⅲ . ①口才学－通俗读物 Ⅳ . ① H019-49

中国版本图书馆 CIP 数据核字（2018）第 109069 号

谈话的力量

著　　者 / 吴利元　吴小芳
责任编辑 / 戴　铮
装帧设计 / 天之赋设计室

出版发行 / 文匯出版社
上海市威海路 755 号
（邮政编码：200041）
经　　销 / 全国新华书店
印　　制 / 河北浩润印刷有限公司
版　　次 / 2018 年 6 月第 1 版
印　　次 / 2022 年 7 月第 3 次印刷
开　　本 / 710×1000　1/16
字　　数 / 162 千字
印　　张 / 15

书　　号 / ISBN 978-7-5496-2583-3
定　　价 / 45.00 元

序

无论是在生活中，还是在工作中，我们都需要靠沟通才能达到自己的目的。比如，你想向朋友借钱，对方借给你，便是交际成功；反之，则是交际失败。

那么，你是否思考过，是什么原因造成交际失败的呢？是朋友太小气了吗？还是你的人品太差了，对方害怕你借钱后不还？如果以上都不是根本原因，那你就要思考了——在交际过程中，到底哪一句话造成了让对方打消借钱给你的念头？

很多人都容易忽略一个问题，认为与亲人、朋友沟通时，一些社交礼仪完全可以省略。比如，称呼上简易点，分别时随便寒暄两句，并认为这样做才是跟对方交了心——“我叫你外号、不特意问候你，是因为咱们是好朋友，不需要那些虚头巴脑的东西。”

在跟任何人交往时，社交礼仪、技巧都必不可少。试想，如果一个人平时不注意与你热情交往，遇到麻烦时才向你求助，你会愿意无条件帮助他吗？恐怕大多数人都会拒绝吧。

有的人认为，传统的社交时代已经结束了，因为世界总是充满分歧，沟通也是于事无补。这就好像所有的事物非黑即白，你认为炭是黑色的，它就永远不可能出现第二种情况。但是，社交的过程不就是为了告诉对方：我有更好的点子，你听了，或许炭就变成白色的了。

沟通，是我们交换观点、思想的直接通道，如果放弃沟通，那我们都将走向语言暴力的旋涡。

当对方说了不好听的话，你会挥舞拳头，恶言相向："你是不是想挨揍？"

当对方某个行为稍微让你看不惯，你便会冷嘲热讽："你以为你是谁，你是明星、亿万富豪吗？"

当对方某件事做得不好时，你会不耐烦地说："真愚钝，你工作是不是都不带脑子？"

这样的恶言恶语只会激化两个人的矛盾，甚至使双方大打出手。毫无疑问，这不是我们想要的结果。当事态严重失控时，或许你会在心里想："这些事肯定有更好的处理办法！"

其实，最简单、最有效的处理方式，就是语言。

谈话是一门艺术，它可以改善你的生活，让你不再做一个不敢开口的胆小鬼，或是别人眼中的凶神恶煞。它能够帮助你轻松应付生活、职场中的那些人和事，让你充满自信地解决人际关系问题。你不必再纠结："我该怎么向老板提出加薪的请求？""我该如何向女神发出邀约？"最棒的是，你会因为会说话收获成功，而非更多的失败。

总之，学习说话的艺术是一门必修课。

目　录

Contents

第三章 沟通的秘诀：如何让对方主动说话

第四章 巧用八大技巧：让语言没有“杀伤力”

第五章 操控心理学：人际交往的艺术

第六章 职场沟通学：机会总被会说话的人抢走

第七章 高难度沟通：让语言更具逻辑性

第一章

关键对话：在任何场合好好说话

不看场合随心所欲地说话的人，是最笨的人。他们不会察言观色，想到什么就说什么。同样，别人也不会理会他们说的话。所以，说话要分场合，只有这样才能达到沟通的目的。

1. 在任何场合都不该说让人讨厌的话

关键对话技巧

不看场合随心所欲地说话的人，是最笨的人。他们不会察言观色，想到什么就说什么。同样，别人也不会理会他们说的话。所以，说话要分场合，只有这样才能达到沟通的目的。

回想一下，你是否有过这样的经历：莫名其妙地，有些朋友开始疏远你；莫名其妙地，你的邀约对方死活就是不来；莫名其妙地，你说什么都有同事拆你的台——你发觉自己一下子成了众矢之的，可却根本想不出得罪他们的原因。

其实，造成这种局面的原因，很可能是你说错了某句话伤害到了别人。言语之伤都是暗伤，叫人防不胜防，伤人又伤己。

举个简单的例子，当你说话冒失的时候，心大的人虽然不会放在心上，但却会认为你这个人不靠谱，以后有什么事也指望不上你，你们的关系就会疏远；气量小点的人为了体面可能不会跟你计较，但你的邀约，对方想都不想就会拒绝；小心眼的人则会觉得你轻蔑、得罪了他，他能放过打击报复你的机会吗？

很多人为了避免“祸从口出”，就想到这么个解决办法——我不说话，或少说话，或只说场面话，这样就不会得罪人了。

可你有没有发现，只说客套话、场面话，并不能给你带来朋友和利益，甚至还会给人留下虚伪、做作的印象——对方会说：“看，这个人说话滴水不漏，恐怕是个两面三刀的人！”

想要维持良好的社交关系，甚至从社交对象的身上获取一些利益，你需要做的不是不说话，而是好好说话。

有些人说话不分场合，往往因此闹出笑话，甚至会引起别人的反感。所以，在开口之前要考虑清楚哪些话能说，哪些话不能说——否则，就算你说的话再动听、再有理，别人也不会喜欢。

那么，如何区分场合，说出恰当的话呢？一般来说，场合大致分为两种：正式场合和非正式场合。

正式场合又细分为很多种，比如会议室、宴会、婚礼、演讲厅等。正式场合大都是公共场所，社会制约性较强，在场人员较多，总体上比较庄重、典雅。在这种场合里，说话要大方、得体、规范，注意避免大声喧哗，以及谈论敏感、隐私的话题。

非正式场合，一般而言就是社会制约性不强的场合，比如走亲访友、同事聚会、逛街等。这种场合的氛围比较宽松，甚至随便，说话不需要太过拘束，保持自然就好。

举个简单的例子：假如你们公司要举行职员聚餐，作为上级领导，你决定“与民同乐”——大家一起吃吃喝喝，聊聊天、唱唱歌，好好放松一下。

这本来是一件愉快的事，结果在大家正高兴时你扯着嗓门问一名下属："昨天会议上谈论的那个方案你改好了没？别再让我催促，记住，明天早上我必须看到——如果再出错，别怪我不讲情分。"

原本欢乐的气氛一下子就被破坏了，整个聚餐马上会变得冷冷清清——职员们都在闷头吃饭，生怕被你叫起来训话。

请问：这样的公司聚餐有什么意义呢？

再比如，你在参加学术研讨会时，旁边的一位朋友觉得太过无聊，就想跟你聊天。你顾忌着场合，小声提醒他严肃一点，他却越讲越大声，还讲笑话，逐渐引起了别人的反感。

权威人士在台上讲话，你的朋友却在下边说笑，这显然是不合时宜的。相信连你都替他觉得丢人，后悔有这样一个朋友。

小波就是这样一个人，他因为说话不懂区分场合，经常惹同事不高兴，大家私底下都说他爱出风头、为人自负，平常聚会的时候都没人愿意叫他。

有一次，张尧的计算机突然黑屏了，怎么也开不开机，他正想找维修部的同事来修理，小波正巧看见了，就在一旁热心地说："我帮你看看什么问题。"然后他蹲下来检查主机，发现原来是电源线松了。

小波开玩笑地说："你真笨，连计算机是没插好电源还是坏了都分不出来，得亏维修部的同事没来，不然还不笑话死你！"

此话一出，办公室的同事都掩嘴而笑，张尧脸上有些挂不住，虽然嘴上说了几句客套话，可心里却暗自骂道："你会不会好好说话？当着这么多人的面，你对我冷嘲热讽的，是在故意给我难堪吧？"

从此以后，小波工作上出一点差错，张尧都会讥笑两句，两个人的关系大不如前。

其实，小波并非真的嘲笑张尧，可他的一句话却让张尧那么丢脸，张尧怎能不记恨他呢？如果那天只有他们两个人，张尧也不会把他的玩笑放在心上。

可见，区分场合好好说话是多么重要！

人总是生活在一定的时间、地点、条件下，所以面对不同的场合、不同的人和事，就要学会说不同的话——这样，沟通才能有效果。

2. 关键对话也要匹配合适的时机

关键对话技巧

选择适当的说话时机，是达到沟通目的的重要方法之一。时机选好了，语言就是力量；时机选不好，语言就是阻碍。

子曰："可与言而不与之言，失人；不可与言而与之言，失言。知者不失人，亦不失言。"

这句话的意思是：一个人在该进言时因害怕得罪对方而不进言，就是做人的过失；而他在不该进言时非要进言，就是言语上的过失。有智慧的人，不会在做人上出现过失，也不会在言语上出现过失——他们从不说废话和不合时机的话，总是在恰当的时候说出恰当的话。

说话是一门学问，滔滔不绝地说个不停是不行的，而想要掌握这门学问，关键在于把握说话的时机。这听起来似乎很简单，可真做起来就不那么容易了——不少人在说话上都吃过亏，甚至把人际关系弄得一塌糊涂。

经验多的人就深谙说话的关键：找准时机再说话。就像我的母亲——每当我跟哥哥因某个观点争论不休的时候，她就会对我说："有什么话等吃完饭以后再说吧。"我深深觉得这是一句至理名言。

如果一个人正在气头上，无论你说什么他都听不进去，甚至还有可能火上浇油。比如，对方正在忙着做一件事时，你非要逮着他说个没完，他怎么会给你好脸色呢？

所以，当你约见客户跟他谈判时，一定要在他高兴的状态下进行，否则你的说服根本达不到效果。

我有一个推销员朋友，他每天早上到公司以后，就会马不停蹄地联系客户。可是，每次交谈的结果都差强人意：客户听了一会儿，不是借口挂断电话，就是直接拒绝与他交谈。这让他感到非常郁闷。

这样的结果是可想而知的。一般而言，有的客户早上要开个碰头会，有的客户要忙着安排一天的工作，哪里还有时间和心情听你介绍产品呢！

同样，如果你想对别人提一些建议，也需要寻找恰当的时机。

公司老板最近购入了一批新的办公椅，但副总觉得办公室的风格与这批椅子很不搭，而且这批椅子的设计也有点欠缺，坐起来很不舒服，所以他觉得应该重新购买。副总觉得这件事宜早不宜迟，于是，立即跑去找老板提意见，但最后没有得到老板的认同。

为什么会这样？那是因为，这批椅子是老板耗费时间千挑万选的，他自认为非常好。而且，关键是这批椅子刚刚投入使用——副总这时候劝老板换掉它们，不是说明老板的眼光有问题吗？如果老板采纳了副总的建议，钱不就白白浪费了吗？

这样看来，老板怎么会同意？其实，遇到这种情况，你就应该等——等老板什么时候自己觉得有问题了，你再向他提出建议。

要想成为一个八面玲珑、交际有道的人，就要抓住说话时机。如果你在不恰当的时候说话，即使你说得在理也起不到任何作用，甚至有可能给沟通带来负面影响。如此一来，你算是赔了夫人又折兵，这样的“买卖”实在不划算。

美国加利福尼亚州有个名气很大的生意人，他就是拥有数亿资产的乔治。有一年，他和伙伴准备到中国开拓市场，于是他们从加州飞到中国的一个大城市，准备在那里选择一个合作伙伴投资建厂。

他们花了很长时间跟不同的中国商人谈判，最终选择了一家历史悠久的大型企业。选择这家企业的原因是，对方的谈判代表精明能干，对市场行情非常了解，乔治对他很是欣赏。于是，他们坐到了谈判桌前准备签约。

这位代表也许是想多为己方争取一些信任和利益，于是他自豪地说：“我们企业上下加起来拥有将近 3000 名职员，去年赚取的净利润达到了 900 多万元，实力是其他公司比不了的。”

听到这儿，乔治突然愣住了，他暗自算了算：900 万元人民币折合成美元才 150 万美元左右，一家 3000 人的大企业一年才赚这么点钱，效率太低了吧？

看中方代表那副志得意满的样子，乔治顿感失望，觉得他没什么魄力，不是自己理想中的合作伙伴。于是，乔治终止了这次合作。

本来非常有前景的一次合作就这样黄了，只是因为那位代表不恰当地说了一句“大实话”。如果他控制住自己的表达欲，或者在一个恰当的时机说这个话题，煮熟的鸭子也不会就这么飞了。

所以，在人际交往中一定要学会找准时机说话，看人脸色行事，否则就会吃力不讨好，白忙活一场。

3. 说重点是沟通成功的一半

关键对话技巧

会说话的人不一定说话多，说话多的人不一定会说话。与人谈话，重要的是简明扼要、有价值，而不是辞藻多么华丽。话贵在精，多说无益。所以，对话时要简中求准。

《爱情公寓》里有一个搞笑桥段：胡一菲下课后打车去话剧院，发现自己没带话剧票，只好打电话给关谷，让他到剧院大门口给自己送票。就在关谷等胡一菲的过程中，黄牛阿三跟他搭讪，两个人正聊得兴起，巡逻警察发现了阿三。

阿三反应快，看到警察撒腿就跑，警察误以为关谷是黄牛同伙，就问他："你在干什么呢？"

关谷嘿嘿一笑，回答说："警察同志，他们刚才想买我的票，但只出十元钱。我跟他们说，你们这是破坏市场的行为，如果人人都买低价票，谁还买正票，谁还演话剧呢？"

警察反问："那你觉得这票值多少钱？"

关谷说："一百八十元，加上我女朋友的明星效应，再加二十元。"

警察继续问："你女朋友也有份儿啊？"

关谷自信地说："当然了，你不懂，这背后的价值一言难尽。"

于是，警察把关谷带去了警局。半个小时后，警察终于了解了事情的真相，在送关谷出警局时抱怨说："麻烦你下次用一句话交代清楚，好吗？"

本来关谷只是来送话剧票，没想到却送出这么一个大乌龙！如果他能抓到重点、说出重点，在警察问他第一句话时，就说明朋友忘了带话剧票，自己是来给她送票的——即使警察心存疑虑，等一会儿朋友来了，一切也就真相大白了。

这种情况不仅出现在电视剧里，生活中也有很多这样的人，他们一句话恨不得掰成几瓣说，或者自己不善言辞却老是想表现，啰唆半天，不是前言不搭后语就是词不达意。更有意思的是，他们常常自己说得口干舌燥，不亦乐乎，可别人听来却全是废话，毫无价值。

所以，与人交谈时要学会提炼重点——少说废话，尽量一语中的。当然，简练并不等于少说话，而是要进行浓缩，把话说到点子上，让听的人明白你的意思。说废话不会给你带来任何好处，只会给人留下唠叨、嘴碎的印象。

第一季《奇葩说》的一期辩题让我印象深刻：没有爱了，该不该离婚？其实，真正吸引我的并不是这期辩题，而是正方选手马薇薇的金句——养条狗啊！

当反方选手用一种近似乞求的姿态，说出“（即使）没有爱了，还是能够（像朋友一样）互相陪伴”时，我隐隐觉得哪里不对劲，但这句话就像我们常听说的道理：听着有理，却不足以让你遵从。

看着现场投票机上摇摆不定的票数，观众也近乎麻木地接受了这个论点。这时，马薇薇凝视着对手，她先是用一种温柔的声音说道：“你没有爱了，需要陪伴——”然后话锋一转，用一种她特有的嘲讽语调厉声回应：“养条狗啊！”

简短四字，掷地有声，观众更是大梦初醒，重新投票。

单看这句话，除了语气词就三个字——养条狗。这本身并没有什么价值，更谈不上什么金句，但是，它却营造了非常赞的舞台效果，并赢回了非常多的投票。

为什么？因为跟对方温情的娓娓道来相比，“养条狗”形成了简洁而有力的反差，再加上它被运用在大家都想大吐为快的档口上，瞬间引爆观众的大脑神经。

这就是说重点话的力量。

我们经常说一个人口才好，并不是指他如何夸夸其谈，把一件事说得天花乱坠，而是指他能够不说多余的废话，每句话都能一语中的，起到一定的作用。

假如你要与领导进行交谈，那你一定要做到简单明了。因为领导总是事务繁忙，他们每天要花很多时间去应付交际，所以长篇大论会让他们失去耐心。

在与领导交谈的过程中，一定要语言凝练，不说废话，避免消耗他们的耐心——要说领导关心的重点问题；回答领导的疑问时也要简明扼要，切中要害。

假如你是一名领导，你在与职员沟通时废话连篇，总说不到重点，那么，你在职员心目中的形象不仅会损害一定的威严，还会耽误工作进度。

此外，值得注意的是，要想成为社交达人，除了要说出重点，还要善于抓住重点，即抓住对方所表达的核心思想。

前段时间，电视剧《那年花开月正圆》在各大卫视热播，女主角周莹能创下吴氏企业，与她善于抓住重点语言有密不可分的关系。其中有这样一个情节：

当时，西安的布料市场已经被洋布占领，吴氏企业自产的土布无人问津。无奈之下，周莹只好远走新疆，到那儿去开拓市场，售卖土布。

新疆有一位叫图尔丹的客商，是周莹的潜在客户。可在一次意外中，周莹打晕了图尔丹，与他结下了梁子。后来发现是一场误会，两人决定冰释前嫌，但图尔丹却说，他从未被人打晕过，当即叫来三个壮汉，递给周莹一根木棍，如果她能将在场的任何一个人打晕，他便既往不咎，还会考虑跟她做生意。

一个女子纵使有再大的力气，又如何能打晕七尺壮汉？于是，她拿木棍用力敲在自己的头上，当场晕了过去。图尔丹看呆了，很是佩服周莹的智谋和勇气，等周莹清醒以后，还盛情款待了她。

周莹能化解她跟图尔丹的矛盾，其关键就在于她抓住了图尔丹话中的重点——打晕在场的任何一个人，当然这里面也包括她自己——

对于壮汉，她是打不过了，只能忍痛打晕自己。

所谓沟通，不是一个人的自言自语，而是两个人你一句、我一句的交流，不仅能表达出自己的思想，还要能抓住对方的思想，如此才能实现有效沟通。

古语说得好："山不在高，有仙则名。水不在深，有龙则灵。"说话也是这样：话不在多，有用才行。如果你说的话是一些不着边际、没有重点的冗词赘句，那就连一句有根有据的话都抵不上。

4. 恰当插话控制局势

关键对话技巧

插话是有技巧的，不能随便就来——要学会静心倾听、找准时机插话，最好在说者话音落定之后插话，否则会引起对方的反感，影响沟通的效果。

大家在一起交谈时，有的人总是夸夸其谈、独领风骚，而有的人却闷在角落里一言不发，被人忽略。

生活中，像这种情况没什么大的影响，诸如同学聚会之类的，插不上嘴只不过会显得没存在感而已。但如果是在工作中，这种情况就不妙了。

看着你的同事跟领导就着某个方案侃侃而谈，你有想法却说不出口，久而久之就会给领导留下没能力、缺乏存在感的印象；看着你的竞争对手跟意向客户言笑晏晏，你却不敢出声，眼睁睁地看着生意被抢走——这样下去，你只能面临被辞退的结局。所以，每个人都应该掌握插话的技巧，来帮自己有效地扭转事情的局面。

适当地进行插话，不仅能表明你对谈话内容的关注，还能表明你对这次谈话抱有积极、主动的态度，愿意参与其中。这会让对方明白你在认真倾听，从而感到被认同，感到身心愉悦，让交谈的气氛更加活跃。

赵雷是一家保险公司的推销员，最近几天他正在为一个大订单奔波。这个订单来自一家刚成立不久的公司，那家公司的老板王先生准备为公司职员购买保险，若是他能够成功谈下来，这一年的业绩就算完成了。

但是，这么大一块肥肉自然让很多人都眼红，所以赵雷面临着很多竞争对手。

经过长时间诚恳的联系和不懈努力，赵雷和另一家公司的一名推销员最终成功晋级，获得了与王老板面谈的机会——也就是说，赢家将在他们二人之中产生。

赴约那天，从仪表到措辞，赵雷全都进行了精心准备，但他出门的时候遇上了堵车，去得晚了一些。

王老板已经与另一家的业务员攀谈了起来，赵雷只好静静地坐在一旁观察。听了一会儿，赵雷发现王老板与对手一直在围绕人身安全的重要性进行沟通，于是他抬起左手，示意自己有话要说。

得到王老板的同意后，他说道：“请允许我说两句。王老板，您的公司是做建筑行业的，职员很容易受伤，尤其是腰部、腿部，所以我觉得您应该重点往这个方向考虑。”

王老板听后，感觉很有道理，便询问竞争对手：“你们公司的保险有哪几类，其中哪一种保障最好？”

眼看着王老板就要与竞争对手谈妥了，而当他们正在讨论最后一项有争议的问题时，赵雷看准时机插话道：“冒昧打扰一下。王老板，您刚才的意思是需要一个能够把腰脊椎损伤也算入投保范围的保险产品，对吗？但是，据我所知，×× 公司好像并没有这种类型的保险产品，那么，我觉得您可以考虑一下我们公司的保险产品。”

赵雷在第一印象已经减分的情况下并不灰心、气馁，相反，他巧妙地运用插话技巧，吸引了王老板的注意力——一有机会就把话题拉向自己这边，并反复向他灌输“只有我们公司才能满足您的要求”的理念，最终扭转乾坤，与王老板签约。

由此可见，把握好时机再插话可以帮你扭转沟通的局势，获得成功。

插话是讲究技巧的，如果你的插话时机不当或态度不好——在对方讲得正起兴的时候，你非要插一嘴，那么就会给人留下不好的印象。比如，你正在给同事讲一个笑话，刚讲了两句，就有另一个同事插话说：“哎呀，这个笑话我早就听过了，没意思。”你的热情是不是一下子就熄灭了？

所以，插话也是要讲究技巧的，这主要有以下几点：

首先，细心倾听。

在插话之前要全心倾听，先弄清别人谈论的话题，这样才可以接住话茬儿。

其次，说话要委婉，避免与人争论。

如果你想表达不同的意见，要先顺着对方的话音走。你要先表达你对他的想法的尊重，以免引起他的反感，不让你有插话的机会。然后，你再表达自己的意见，这样会避免对方出现不友好的态度，顺利把你的想法表达出来，并且也更容易让对方接受。

最后，把握好时机，这也是最重要的一点。

切忌不能在双方说得起劲的时候插话，而要等到对方将自己的意思表达完之后再插话。如果对方一句话还没说完，你就打断他的谈话，这种无礼的行为会引起对方的反感，让你留下不好的印象。

5. 让对方充分领悟你的意图

关键对话技巧

同一件事用不同的措辞去表达，效果也会不同。善用措辞，表达到位，可以产生积极作用；反之，说话不讨人喜欢，就会产生消极作用。

很久以前，有一个没什么学问、不太会说话的财主过大寿，宴请了镇上许多有头有脸的宾客。大寿当天，眼看宴席就要开始了，但还有一大半客人没来。

这让财主很着急，也有些生气。他一边踱步，一边质问管家："怎么回事？这该来的人怎么还不来？"

那些已经到了的客人听到这话，有些心思敏感的人暗想："哦，该来的没有来，那我们这些来了的都是不该来的吗？"于是，来的客人走了一半。

财主看见来的客人走了这么多，更加焦急了，慌忙之际脱口而出："怎么这些不该走的客人，反倒走了呢？"

剩下的客人听到这话，也不高兴了，他们想："原来走了的人是不该走的，那我们这些没走的人才是该走的。"于是，剩下的一半客人也都走光了。

这时只剩下财主的一个好朋友没走，他看到财主因为不会说话得罪了这么多客人，便上前劝道："你呀，既然没什么学问，说话之前就该过过脑子，否则只会得罪人啊。"

财主听了，连喊冤枉，跟朋友解释："这一个个怎么都走了？我没有让他们走啊！"

朋友听了大为恼火，说："你没有叫他们走，那就是叫我走了。"然后就头也不回地离开了。从此，任凭财主怎么挽回，朋友再也不理睬他了。

这个财主既得罪了宾客，又惹得朋友生气，与之断绝往来，吃的就是不懂措辞的亏——说了人家不想听的话。

说出去的话像泼出去的水，再也收不回来了。如果你不懂措辞，一旦说错了话，就会给人留下不好的印象，给双方的人际关系留下不可弥补的裂痕。

陈宁原本是农家子弟，家境贫寒，但他上学时非常刻苦，通过努力学习考上了一所名牌大学。毕业后，他进入一家外企公司实习。一次偶然的机会，他因为帮助老板的女儿办成了一件大事，从此飞黄腾达，不仅升职加薪，还当上了老板的乘龙快婿——他简直就是现实生活中的人生赢家。

去年春节回老家后，他接到初中时的班长发来的邀请，前去参加了同学聚会。

聚会当天，陈宁刚一出现就成了全场焦点，因为无论是他开的车，还是穿的品牌服装，都与其他同学格格不入——一看就是有钱人。

有几个同学听说过陈宁的经历，知道他现在事业有成，但毕竟没有亲眼看到过，如今这一见，让不少同学都起了巴结的心思，争着抢着想要跟他搞好关系，以图从中捞点好处。

一位男同学A热情地揽过陈宁的肩膀，看上去两人像是非常熟络的样子，而他为了体现两个人“关系好”，尽说陈宁一些少有人知的不光彩的事。

只听男同学A扯着嗓门对大家说：“别看陈宁现在人模狗样的，上学那会儿可不是这样。那时候他学习好，有一次考试我正好坐在他后面，考试之前我让他帮我作弊，这小子死活不肯。后来，他在我的威逼利诱下好不容易答应了，结果考试的时候还是怂了！

“那我就催他呀，在后面一直用脚踹他的椅子，结果被监考老师呵斥了两句。你们猜怎么着？这小子吓得手直哆嗦，满头冒冷汗，差点从凳子上跌倒。你们说他怂不？”

陈宁被说得面子上有些挂不住，但那位同学 A 还在追忆过去："还有一次上体育课，我们俩一起去厕所，结果这小子一不小心踩在了狗屎上，当时他的表情——你们是没看见，要多精彩有多精彩。哎呀，现在想想，那狗屎运还真是灵验呢。"

班长是这次聚会的发起者，他见陈宁被说得脸色有些难看，连忙打圆场："我记得陈宁上学的时候就特别努力，参加比赛经常得奖。学校里有什么活动，像是诗歌朗诵、出黑板报之类的，我们班只要陈宁出马，就没得过第二名，从来都是第一名——我们班的荣誉可以说都是陈宁给挣来的。那时候老师就常说陈宁以后肯定有出息，果不其然，现在真成了青年才俊。"

陈宁的脸色这才好看了一些。

这次同学聚会以后，陈宁再没有联系过那位跟他攀交情的同学 A，倒是同学 A 主动找了他好几次，想让他帮忙介绍工作，他想都没想就拒绝了。不过，陈宁跟班长却一直保持着联系，还把公司的好几项业务都介绍给了他，跟他成了默契的合作伙伴。

在与人交流的时候，善用措辞是非常重要的，有时候要根据说话对象适时改变措辞，以免引起对方的不快。

如果你在与领导商讨事宜，措辞就应该正式一些，多用"您觉得怎么样""您什么时候方便"之类的话。如果要跟下属沟通，措辞要适当强硬一些，以免下属不把你的话放在心上。如果跟家人或朋友沟通，措辞就应该自然、温和一些，否则会伤和气。

6. 你的语气会出卖真实想法

关键对话技巧

掌握了电话沟通的重点和技巧，可以有效地为你赢得对方的心，给对方留下良好的印象，提升你的个人魅力，使沟通更加顺畅。

对当代人来说，手机已成为最常用的一种沟通方式，它比起当面交谈、书信往来更加节省时间，更加快捷、有效，不仅是人们交往、联络感情的沟通手段，更是成为很多企业招揽生意、推销产品、服务客户的重要渠道。

手机是一种非常好的沟通媒介，虽然无法给人一种当面沟通的真实感，却能大大节省时间以及面谈所需要的费用，也能够从声音里充分让人感受自己是否被重视、被需要。

手机虽然使人们的联系更加方便、快捷，但另一方面，手机沟通也存在缺陷。因为，人们面对面交谈的时候，对沟通结果起作用的不仅仅是语言，还包括动作、表情。所以，不善言谈的人就可以从这方面入手，提高自己的沟通效果。

在电话沟通中，对方只闻其声、不见其人，即使你的表情再诚恳，对方也看不到。所以，电话沟通需要掌握一定的礼仪和技巧，让对方感受到你的热情和真诚。

朋友韩星最近新交了一个男朋友，对方年轻有为，而且还高大帅气，英俊潇洒，是一个非常懂得浪漫的人。

其实呢，对方是一个游戏花丛的纨绔子弟，他只是看韩星长得漂亮，给自己的生活添点乐趣罢了，身边根本不止韩星这一个“女朋友”，而他的体贴与浪漫只是他的泡妞手段罢了。

当时的韩星一心沉浸在热恋的甜蜜中，根本没有发现对方的虚情假意，真心以为对方是爱她的。刚开始交往时，两个人每天都要通电话，“电话粥”一煲就是一小时左右，对方丝毫没有用感情的花言巧语就哄得韩星非常开心。

渐渐地，等到热情冷却后，韩星就发现对方的语气其实并不是很真挚，甚至从中听出了敷衍。

有一次，韩星跟同事逛街的时候看中一款包，只不过当时囊中羞涩，但实在又太喜欢，同事便鼓动她找男朋友给她买。韩星最终没有经得住诱惑，而且她也从没花过男朋友的钱，觉得让他给自己买个包也很正常，便打了电话。

电话中，对方的声音非常慵懒，无精打采——韩星觉得他一定是躺在沙发里或者床上，一问之下果然如此。然后，她发现对方并不是很专心，说话有些断断续续，好像时不时在跟别的人说话似的，但当时她也没多想。

等到她跟男朋友说清楚自己的意图后，就觉得对方的声音一下子变冷了。这下她便懂了，知道对方不过是跟自己闹着玩，并不是真心相爱，最终就分手了。

一个人能否掌握高明的手机沟通技巧，决定了你是否能实现有效沟通，甚至还会直接影响到你在对方心中的形象。所以，掌握电话沟通技巧很有必要。

那么，要成为一名电话沟通高手，需要掌握哪些要点呢？

一、随身携带纸笔

要知道，好记性不如烂笔头，你再用心去记一件事，一段时间后都会有遗漏。所以，一定要随时备下纸笔，把对方传达的重要、复杂的事一字不落地记下来，防止自己记忆出错，耽误工作进度。

纸笔还有另一个作用，那就是用来提前整理好电话内容。

人不能打无准备的仗，在进行电话沟通时，尤其是当你主动给别人打电话时，一定要事先准备好措辞，整理好思绪，不能现说现想。一些重要的电话，如果你想到什么说什么，就会显得你没有逻辑性。

而且，电话沟通的很大一部分内容是临场发挥的，你不知道对方会有什么反应，话题被带偏也是常有的事，这样一来就会丢三落四，有可能无关痛痒的事啰唆个没完，重要的事却忘了个干净。

因此，要事先把要说的事简单记下来，标出大体框架，然后再拨打电话，这样才能保证没有遗漏。

二、态度一定要友好、礼貌，注意自己的语速和语调

因为对方看不见你的动作、表情，只能从你的声音中了解你的态度，而态度好了，沟通才能顺利。所以，你的态度一定要热情、真诚，保持基本礼仪，用语要礼貌，这样对方才能受到感染，体会到你的友好，从而心情愉悦，使得沟通顺利。而且，语速不能太快，吐字要

清晰，声调一定要准确。对于一些容易混淆、难于分辨的词语更要加倍注意，适当放慢速度，提高音量，否则对方会听不清楚，引发误会。

三、不要乱用专业术语和外语

有些人为了让对方对自己更加信服，一味地炫耀自己的专业水平，动辄就把专业术语和缩略词挂在嘴边，以为这样就可以提高沟通效率。但是，对方可能不是你的同行，他们无法理解你的意思，反而会觉得你不够友善和真诚。

更有甚者，明明外语水平不咋地，却自作聪明地乱用一通，不时在汉语中夹杂一些意义不明的英文单词——用对了根本毫无意义不说，用错了更是让人哭笑不得，还会让对方嘲笑你的无知，这无疑是自找麻烦。

四、接电话要及时

在电话响三声后就要接起电话，超过六声后才接，一定要及时向对方道歉："对不起，让您久等了。"及时、迅速地接听电话，代表你对对方的重视，会给对方留下一个好印象。

如果在接电话的过程中有另外一个电话打进来，一定不要不理睬，而应该向正在通话的对方说明情况，请其稍等片刻，再去转接另一个电话。

但是，这里要注意了，虽然你接了另一个电话，但不能就这样跟对方聊下去，要讲个先来后到，跟他说明情况，让他稍等一会儿，或者待会儿再打来，然后仍然继续与前一个人沟通。

五、挂电话时要有礼貌

挂电话是电话沟通的最后一步，不要以为这不重要，它反而最能体现你的态度——有礼貌地挂电话会让对方觉得被尊重。

无论你是接电话还是打电话的一方，最好让对方先挂电话，等到对方挂完电话几秒钟后再轻轻挂断电话。

如果是你提出结束通话的话，就更要注意动作轻缓了，这时对方仍然可以听到你的动静，如果你毛毛躁躁、很不客气“啪”地一声挂断电话，就会使你辛苦维持的形象功亏一篑了。

7. 掌握好时间，为有效沟通做铺垫

关键对话技巧

打电话一定要有时间观念，在对方方便的时候打过去；通话内容也要做到言简意赅、干脆利索，这样通话才能有效果。

周杰是某家用电器的售后服务人员，他的主要工作就是对客户进行电话回访，询问产品的使用情况，即客户满意度。最近，同事们发现他的心情不是很好。

原来，周杰因为刚参加工作不久，所以工作热情很大，每天都很积极地投入到工作当中，但他的业绩却总是不够理想——回报与付出不成正比。

周杰每天早早地来到公司，打开计算机找到客户的资料后就进行

回访，一整天都不得闲，从早忙到晚。像午休和晚餐时，他认为客户现在一定有足够的时间，也更方便接受回访，于是频繁地选在这个时间段拨打电话。但是，他的认真和热情并没有打动客户的心，大多数接到他电话的客户都表现得很不耐烦，回访的效果不尽如人意。

一开始，周杰安慰自己说万事开头难，是自己经验不足，坚持下去，多锻炼就好了。但是，他在观察过同事的工作方法后发现，问题也许并不在自己的经验方面，而是他每次选择的时机都不太对。

他发现，那些资历高的前辈来到公司后，并没有马上投入到工作中，而是等到九点多或十点之后才开始进行回访。至于午休、晚餐时间，下班后与周末他们从来不进行回访——但他们的业务却比自己高得多。

了解这一点后，他决定改变自己的电话回访时间。一个月后，他的业绩果然有所提升。

很多人觉得，打电话这件事有什么讲究的，什么时候有需要了，什么时候有空了就什么时候打。这种想法大错特错——打电话的时间是非常有讲究的，不能太早也不能太晚，更不能打扰到对方的休息，否则会引起对方的不快，造成沟通障碍。

假如你在半夜给人打电话，被吵醒的人心情烦躁，不但不会帮你，还有可能把你骂个狗血淋头。再如，主管在周末打电话通知下属一个新任务，下属虽然嘴上答应着“好好好”，极为热情，但心里早就骂他是周扒皮了，工作起来态度也不会太认真。

所以说，打电话一定要选择恰当的时机，把握好时间才能起作用。

要想把握好打电话的时间问题，就要注意以下两方面：

一、什么时候打电话

一般来说，要尽量不打扰对方的休息。那么，哪些时间才是不打扰对方休息的时间呢?

以星期一来说，这是每周上班的第一天，大家刚刚结束周末的休息，有很多事等着处理，而且在这一天都会参加会议或者做规划，都非常忙碌，所以如果想要联系对方的话，应该尽量避开这一天。

周五是工作日的结尾，绝大多数人接到电话后都会回你一句“下周再说吧”，并没有什么实际效果，所以这一天也尽量不要打电话。至于周六、周日就更不用说了，忙碌了一周好不容易得到休息，谁还想再听到工作或者推销产品方面的事情呢?

所以，从一周来说，打电话最恰当的时间是周二到周四这三天。

这里再拿一天来分析一下有效时间。早上八点钟到十点钟之前这两个小时，是普遍的上班时间，大多数客户会开晨会或者整理上一周的工作，这时候打电话过去，对方恐怕无暇顾及。等到十点钟之后，大多工作都处理好了，对方就会有空闲时间了。

下午两点到三点钟之间，是人在一天当中最感到疲倦或者烦躁的时候，这时候不要试图去跟客户谈生意。五点钟以后，一天的忙碌会使客户身心疲惫，没有精力再去沟通什么了。至于午休时间和下班之后的时间，是客户一天中难得的放松时间，除非有天大的急事，否则最好不要尝试打电话，因为你百分之百会吃闭门羹。

所以，一天之中最佳的沟通时间是上午十点到十二点，下午三点到五点。当然，半夜三更和休假的时候不能随意打电话，以免打扰对方休息。

此外，在打国际长途的时候一定要计算好时差，了解国外的作息时间，以免影响到对方休息，引起对方的反感。

二、电话要打多长时间

通话时长宜短不宜长，要做到长话短说，废话不说。最好事先梳理好你要讲的内容，不要边想边说——要知道，除了情侣之间，没人爱“煲电话粥”。所以说，每次通话时长最好不要超过3分钟，即所谓的“3分钟原则”。

通话时间过长，不仅对方找不到重点，还会影响其他事务，拖慢你的效率，浪费彼此的时间。所以，一定要把最重要的事放在前面讲，抓住主题，果断地讲完。

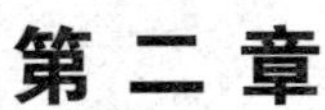

第 二 章

关键矛盾：如何化解人际关系危机

当我们与人沟通的时候，要想让对方听你说下去，并且听进你的话，就要把话说到他的心坎里去。而要想做到这一点，就需要找到双方都感兴趣的话题——投其所好，沟通自然会水到渠成。

1. 适度挑衅可以活跃气氛

关键对话技巧

沟通是一条双行道，如果你一味地迎合对方的话题，就无法达到交流的目的——你需要适度地挑衅对方，如此才能使谈话热络起来。

湉湉和高玥是我的大学同学，不过，湉湉简直就是“墙头草”的化身，不管别人说什么，她都说好。

有一次，高玥花 598 元买了一双豆豆单鞋——鞋帮镶着一圈灰色的兔子毛，显得她双脚很臃肿。她在宿舍试了试，问湉湉：“我刚买的新鞋，好不好看？”

湉湉看她一脸的兴奋，小鸡啄米似的点头说：“挺好看的呀。”

过了一会儿，其他室友陆续回来了。高玥让大家欣赏一下她新买的鞋子，还问大家的意见。小鱼仔细看了看，把这双鞋的缺点都说了出来，比如鞋底太薄，走路时间长了肯定不舒服；明明是双单鞋，却偏要加一圈兔毛装饰——夏天穿，看着就热；冬天穿，鞋子也不保暖。最关键的是，这双鞋根本不值这个价。

听小鱼这么一分析，高玥也觉得买亏了，不由抬起头看了湉湉一眼，神色复杂。后来，小鱼陪她去商场把这双鞋退掉了。事后，高玥无意中说起湉湉，觉得湉湉很虚伪，总是敷衍别人。

其实，湉湉并非虚伪之人，只是她在生活中总是秉承“谁也不得罪”的原则。有人在人行道上骑自行车叫她让道，她一声不吭，乖乖让路；大家一起听答辩公开课，都吐槽老师对着同学打喷嚏太没礼貌，她也说：“还好啦，谁都有不注意的时候。”

总之，跟她相处久了以后，大家除了觉得她是一个滥好人以外，更多的是觉得跟她相处很无趣——因为，她的态度始终都是“我觉得挺好的”。

有些人认为，像湉湉这样随和的人应该跟谁都聊得来，毕竟她永远不会反驳你，是最好的谈话对象。无论你提出什么样的观点，对错与否，对方都礼貌地回答：“嗯，挺好的。”事实恰恰相反。试想，你愿意对着一面墙壁讨论生活趣事吗？如果你是在练习脱口秀表演，那它倒是一个很好的倾听对象。

沟通是一条双行道，如果你一味地迎合对方的话题，就无法达到交流的目的——你需要适度地挑衅对方，如此才能使谈话热络起来。

你看那些收视率很高的访谈节目，哪一个主持人是“省油的灯”呢？不管采访对象是多高的咖位，哪个主持人不是“笑里藏刀”，找准时机提出一些刁钻问题呢？也正是因为主持人与采访对象的互动，才调动了整个舞台的情绪，使节目达到“访谈＋娱乐”的效果。

在访谈节目中，小 S 是出了名的毒舌主持人，她总能找准时机问嘉宾问题，不少明星大咖都在她那张利嘴上吃过亏。在《姐姐好饿》的谈话节目中，小 S 邀请了黄渤，她知道林志玲跟他是好朋友，就漫不经心地提问："如果我跟林志玲掉到海里，你先救哪一个？"

"当然是先救你——"黄渤答后，又开玩笑地回击道，"因为林志玲个子比较高。"此话一出，看节目的网友纷纷留下弹幕：牛，太搞笑了。

如果黄渤选择了救小 S 没有后半句的挑衅，那节目也不会这么精彩。

其实，相比于墙头草式回答，人们更希望跟对方探讨话题。每个人都有自己的见解，并希望跟谈话对象碰撞出火花——从心理学角度来说，当我们受到挑衅、反驳时，内心会产生被他人肯定的感觉；而被一个没有原则的人顺承观点时，则会产生被敷衍、应付的情绪。

因此，在谈话过程中，我们可以提出一些有争议的话题，这能够让大家抒发自己的见解和价值观。比如某电视剧里，A 的前男友拿着刀子恐吓她复合，A 不答应，前男友盛怒之下，竟然捅了 A 几刀。

而 A 的室友 B 则在卧室听见了整个过程，现在就问大家：她该不该冲出来阻拦 A 的前男友?

这样的问题很考验人：冲出来阻拦，前男友已经失去了理智，很可能会对 B 也是刀刃相向；不阻拦，B 又无法过自己的良知这一关。

还好，这种狗血剧情极少出现在现实生活中，所以也更能激发大家的表达欲。值得注意的是，适度的讨论可以使谈话热络，但要松弛有度，不可将讨论演变成争论，最起码我们还是要尊重他人的想法的。

2. 有效沟通的前提是不自恋

关键对话技巧

在与人沟通时，要承认自己有所不知。如果为了面子而不懂装懂，一旦被对方看穿，就会引起对方的反感——当对方认为你很虚伪时，那就得不偿失了。

希腊著名先哲苏格拉底说：“最聪明的人是明白自己无知的人。”我国古代的圣人孔子也说：“知之为知之，不知为不知，是知也。”这两位先贤都在告诫我们：做人要实事求是，知道就是知道，不知道也要大胆承认，这才是一个聪明人应该做的。

知识如同浩瀚的宇宙，无边无际——即使学问渊博如钱钟书、季羡林等大师，穷极一生都在不断地学习，他们也不敢说自己懂得世间所有的知识。

一个人所拥有的知识是有限的，不可能无所不知、无所不晓。老话说，“人贵有自知之明”，在与人交往中如果太过自以为是，不肯承认自己的无知，就会引起别人的反感。

同事张成就是这样一个人。他的学历比一众同事高，便自觉高人一等，稍微知道一些“常识”，他就觉得自己无所不知，总唠叨别人什么都不懂。平日里，他总是把自己塑造成“度娘”的形象，让人家觉得他知识非常渊博。

有一次午休，同事们聚在一起，正讨论着历史上的著名物理学家。大家说得兴致勃勃，而当一个同事提到电学之父——迈克尔·法拉第时，大家都摇头表示不太了解。

正好这时张成从外面进来了，不经意地将法拉第错听成了法拉利，于是不屑地说：“你们怎么连这个都不知道呀！”

大家早就习惯了他的自以为是，也就见怪不怪了，于是同事就让他给大家介绍介绍。张成便说：“当然了，也不能怪你们无知，谁让我太博学呢！不过，如果你们近期有人打算要买这款车呢，我劝你还是算了吧，你买不起的。”

大家顿时一头雾水：这怎么跟买车扯上关系了？有人便问：“这法拉第还卖车？他不是搞科学研究的吗？”

张成这才知道自己听错了，然后，他在脑子里好好搜索了一番关于法拉第的知识，发现自己实在没有这方面的印象。但是，他要面子，不想让别人发现他不知道法拉第的经历，于是只能打肿脸充胖子：“他是法国人，搞研究的啊，还得过诺贝尔物理学奖，挺厉害的。”说完就心虚地走开了。

其他同事看张成说得煞有介事，就上网去查了查，结果发现他说的根本不对。从此以后，大家动不动就拿这件事来打趣他，他的形象也一落千丈了。

任何人都会有自己不知道的知识，也会遇到自己搞不明白的困惑，而当面临这样的困惑时，坦诚地承认自己不知道，可以体现自己的修养和度量。

生活中，我们会常见一些好为人师的人，似乎他们的字典里从来没有“不知道”这三个字。他们一旦遇到自己不懂的问题，宁愿逃避，也不会大方地承认自己不懂——似乎一旦说出“不知道”三个字，他们就活不下去了一样。在他们的思想中，“不知道”就意味着学问浅、水平低，有辱面子。

就像我们在学生生涯中会遇到的一些教师，他们最害怕的便是被学生问问题，因为他们很担心自己会被问倒，所以不敢说自己“不知道”。他们认为，为人师表就要无所不知、无所不能，所以在学生面前一定要保持博学的形象，而一旦承认自己有不知道的知识，就会失去学生的尊敬，以后不好再教导学生了。

其实，这不仅是在自欺欺人，更会严重影响学生的成长。

据新闻报道，美籍华裔科学家、诺贝尔物理学奖获得者丁肇中在南航（南京航空航天大学）做学术报告的时候，面对同学的提问，他“三问三不知”。

“您觉得人类在太空中能找到暗物质和反物质吗？”

“不知道。”

“您觉得您从事的科学实验有什么经济价值吗？”

“不知道。”

“您能不能谈谈物理学未来20年的发展方向？”

“不知道。”

丁肇中三个“不知道”，让在场的所有师生都感到非常意外，但不久后，大家却给予了他热烈的掌声，因为他的坦诚体现了严谨的科学态度和光明磊落的风范——大师之所以为大师，从敢于承认自己“不知道”就可见一斑。

黄金无足色，白璧有微瑕。所以，当遇到自己不擅长的问题时，大可坦诚地告诉对方：“我在这一方面并不擅长。”“我不知道这个答案对不对，等我查证一下再告诉你。”因为敢于承认自己的不足，才是真正聪明的做法。

3. 把话说得太死，很容易被人讨厌

关键对话技巧

说话不留余地，说得太过绝对，就会把自己的后路堵死，退无可退。但是，如果在沟通中懂得给别人留余地，就可以使谈话可进可退，富有弹性，这样更容易达到沟通的目的。

在与人交流时，我们经常会与对方产生分歧或矛盾。遇到这种情况，千万不能使用太过激烈的言辞把话说绝，切记要给对方留余地——一旦你据理力争，把对方逼进死胡同，就会造成不欢而散的后果。

因此，当面对这种情况时，不妨运用如下言辞：“不如我们下一次再说？”“你说的有道理，但有些片面了，你觉得呢？”“我们双

方还是再仔细考虑一下吧。”这样，你不仅会给自己留足更多的思考时间，也会让对方有充分的时间去反省自己，同时还能缓解紧张的氛围，收到好的沟通效果。

如果你跳过橡皮筋的话就会知道，脚不能把橡皮筋拉得太紧，否则它会绷得直直的，根本没法跳。如果在橡皮筋失去弹性时使用它，结果只会崩断。

说话也是如此。如果与人沟通时把话说得太满，不给对方留下丝毫能够回旋的余地，那么这场谈话只能不欢而散——不仅没有任何效果，甚至还会得罪人。

我们在购物的时候常常会遇到这种情况，一些想要还价的顾客会试探性地说："你这价钱太贵了，便宜一点吧，我都是老顾客了，怎么也得再降十几二十元呀。"

而销售员听了，就会顺着话头说："哎，一共就挣不了几元钱，不可能便宜这么多啦！这样吧，我卖给别人都是一百元，给你九十元好啦，便宜十元。"

我们暂且不管顾客最终是否会买这件商品，先不妨这样假设一下：这位顾客如果一开始就说："我就出五十元。"那么还会有下面的对话吗？恐怕销售员理都不理他。

说话给对方留余地，也会给自己带来好处。如果顾客一上来就把话给说死了，要不根本就展不开交流，达不成交易；要不就惹得销售员不高兴，一点折扣都不给。

相反，如果说话留三分余地，那就还有商讨的可能，最后还能适当地得到一些实惠。

因为把话讲得太满而给自己造成窘境的例子，随处可见。

比如，你的同事想请你帮他一个忙，其实只是工作中一件非常小的事，但你连听都没听完就直接回绝说“没时间”——这不仅会直接驳了同事的面子，还会在接下来的时间里因为“有时间”而导致你变得很尴尬。而且，如果日后你需要对方帮助的话，对方肯定也不会来帮助你。

但是，如果你委婉地表示：“抱歉，我待会儿要去总经理那里汇报这次展览会的成果，现在要准备一下材料，没办法帮你呢。”这种留有余地的拒绝，既给了对方面子，又不伤害彼此的感情。

同样，如果你在与下属商谈方案时，还没听完就以一句“不行”否定了他的想法，也许他还有你没想到的其他方案，或者有什么补充建议都说不了了，这场谈话也就到此为止了，可结果却没讨论出来。

相反，如果你能稍微把握些分寸，说：“我觉得这个地方有些不合理，是不是需要做些修改？”那么，下属就可以接着你的话头做些补充，或者直接承认失误，继续改进后面的工作。

再比如，领导交代你一项新的工作任务，说完具体内容后，本来还想嘱咐你一些注意事项，便问你：“知道应该注意哪些方面吧？像是……”结果你来了一句：“放心吧，我知道。”就把领导的话全堵回去了，领导的细节嘱咐也就只能咽回肚子里，这场谈话就此而告终。

由此可见，说话如果不留余地，最终只能自食其果。就像我们已经在杯子里倒满了水，继续倒水的话，水就会溢出来。但是，如果提前给杯子留出一点空间，就不会因为再加水而溢出来了。

因此，在与人沟通的时候，应该尽量给自己，也给别人留余地，如果你一开口就把话说死了，交流就继续不下去了，这场谈话也就不可能取得好结果。

只有留余地，谈话才具有弹性，才有继续下去的可能。

4. 即使有理，也要懂得原谅别人

关键对话技巧

在与人沟通时，如果出现分歧，应当冷静分析、宽容以待——得理也要让三分。

俗话说："有理走遍天下，无理寸步难行。"由此可见，有理的重要性有多大。正所谓理直才能气壮，只要你有理，就会得到大家的认同。

但是，现实生活中我们经常能看到一些有理的人并不能让人信服，为什么呢？因为他们有些过了，变成了"得理不饶人"。就像有的领导一样，下属一旦犯了错，或者出现一丁点儿的失误，他们就会抓着不放，气势汹汹、咄咄逼人地批评下属，好像对方跟他有多大的冤仇似的，不狠狠批一顿就不能解恨。

但是，这样就能保证下属不再犯错了吗？不能。

被批评的人要么会不买账，以后做事拖泥带水；要么被骂怕了，不敢再上进，做事变得畏畏缩缩。被骂的人就算口服了，心也不会服，反正最后只会弄得双方都是一肚子的火，何苦呢？

有理才能服人，所以讲理是一件天经地义的事。但是，每个人都有自尊心，就算犯了错的人也是。

如果太过盛气凌人、紧紧相逼，不仅不能起到好效果，反而会适得其反。有时候给他人台阶下，适当地让一让对方，不以强硬的态度去批评他，而是宽容以待，感化他，反而更容易让人接受。

李天是一家建筑公司的中层领导，作为工程队的领队，他每天的工作虽然较为轻松，但心累。他为了不出岔子，会定期检查工作人员的安全以及工作设备的维修保养情况，生怕出现什么问题。所以，他每天必做的工作就是提醒工人佩戴好安全帽。

一开始，他一旦发现哪个职员没戴安全帽，就会大声地指责他，并命令他戴上。但是，很多职员都说天太热了，戴着安全帽又热又阻碍视线，反而不利于他们工作。

面对职员这种胡搅蛮缠的说法，李天会严厉地进行批评。可他们并不听他的，认为他摆官架子，没事找事，只是当着他的面会把安全帽戴上——等他一走，又会摘下来。

李天为此很是苦恼，多次与职员沟通，告诉他们，自己的劝告是为大家好，他们的想法是错误的，但说来说去，效果并不明显。

时间长了，李天开始反思：是不是自己的沟通方式有问题？是不是因为自己的态度太过强硬，引起了大家的不满？他想，也许自己不该得理不饶人，而是要采取温和一点的方式。

从此以后，李天不再以“为大家好”为由逼迫职员戴安全帽了，而是面带微笑，温和地询问对方为什么不愿戴安全帽，然后真诚地给对方讲解戴安全帽有多重要，以及一些因为对安全帽的重要性认识不足而发生的意外事故。最后，他还会善意地提醒他们，应该为了家人和自己的人身安全着想要戴上安全帽。

然后他发现，这种感化的方式效果非常好，所有职员都在他真诚的劝说下戴上了安全帽。

为什么李天的改变能有这么大的效果呢？因为他不因为自己的说法是正确的，就逮着大家的错误认知不放，一味地责骂，而是选择感化他们，通过沟通、善意的提醒，让他们认识自己的错误，他们就会从心底明白他是真的为他们好，对他们负责。

曾看到过这样一个故事：一位顾客点了一杯红茶，附带一杯牛奶与几片柠檬。没过多久，他就大声叫喊，说餐厅的牛奶是坏的，都结块了。

服务员听见后，马上过来处理，一边道歉一边帮他重新换了一份。新的套餐端来了，牛奶、柠檬都很新鲜。

服务员把餐盘收起来后，轻声说："先生，我想您应该知道柠檬会使牛奶结块，我建议您不要在牛奶里放柠檬了。"服务员说完，然后微笑着离开了。

那位顾客听了之后顿感尴尬，把红茶一饮而尽便匆匆离开了。等到服务员过来收拾盘子时，旁边的客人问他："那个顾客那么没礼貌，还有错在先，你为什么不让他道歉，还自己一个公道呢？"

服务员笑着说："有理不在声高。他越是粗鲁，我就越应该委婉，硬碰硬只能两败俱伤。"

现实生活中有很多人无理尚且要争三分，有理就更不得了了。很多不必要的冲突之所以会发生，都是因为其中一方得理不饶人，抓住对方的错误不放，非要争个胜负，结果事情只能是越闹越大。

换一种方式说话，也许就会有不同的结果。

5. 想实现目的就别咄咄逼人

关键对话技巧

每个人在沟通中都希望自己的想法得到别人的认同，但如果只是不断地阐述自己的观点、否定别人的想法，并不能产生好的效果。这时候不妨试试以退为进，先接受，再辩论。

对与错很少是绝对的，大多时候，持有不同观点的交谈双方可能都有一定的道理。此时，如果每个人都坚持自己的观点，不肯听从别人的意见，那么交谈就会陷入僵局，甚至可能引发矛盾——而适当地让步，就可以避免发生这种情况。

当你遇到纷争或者不同意见时，以退为进是一种有效的沟通技巧，能够使事情进一步向前推进，而不至于因坚持陷入僵局。

过年回老家之前，我在一家品牌专卖店给爸爸买了一件衣服，由于想给老人家一个惊喜，就没有向他询问型号，只是凭着自己的感觉就买了。结果回到老家，给爸爸一试，发现号码选小了。

等过完年我回到工作的城市，就把衣服拿过去换。结果，店员查询之后说："不好意思，这款衣服已经没有大码了。而且，您退换的时间有些久，已经超过一星期了，按理说是不给调换的。"

听到店员这样说，我知道，如果我一味地逼着对方给我调换是没有意义的，她没有这个权利，而且确实没有大码衣服可换，那样沟通就会陷入死循环。所以，我只好选择退一步，于是，我跟店员提议："那可以让我重新挑选其他款式的衣服进行调换吗？"并且，我声明会选择同价位的。

因为一般店铺是不愿意给顾客退货的，就算可以换别的款式，价钱也不能比原来的便宜。所以，我直接明说可以由她帮我选择同等价位的，或者稍微高一些的，避免为难她。

我已经一退再退了，尽量用温和的态度对店员晓之以情："我不可能白白花钱买一件不能穿的衣服，而且因为是过年回老家耽误了调换时间，希望你能多多谅解，帮帮忙。"

店员听了我的提议，思考过后便欣然同意了。因为我的方案既照顾了她的难处，也没有造成彼此的损失，而且只要稍微让店长通融一下就是可操作的，所以最终大家皆大欢喜。

试想一下，如果我不选择退一步，而是吵着闹着让店员找同款的衣服，或者退钱，最终只会把事情闹大，彼此都不愉快。但是，我选择了退让，最终也成功换回了衣服，达到了目的。

人生需要坚持，但不能固执，因为过分坚持往往会让人钻牛角尖。

在人际交往中，如果遇到解决不了的难题时，不妨试着让步一点点，这会让事情有回旋的余地，增强对方沟通的意愿，激发对方的善意，从而赢得想要的结果。

著名绘画大师法沃尔斯基，在他还不出名的时候，他把自己的画送到出版社去出版。出版社的美术编辑为了表现自己的专业水平，对他的作品进行了大幅度的修改。

法沃尔斯基对于美术编辑的做法很不满意，但当时的他不出名，并没有话语权，所以也无可奈何。久而久之，他再也忍受不了自己的作品被人修改，就想出了一个好办法：当他再次把作品送到出版社的时候，故意在作品的角落画上一些与整体画面很不相称的东西，或是一只狗，或是一棵树……

这样，美术编辑看见那只狗，自然觉得碍眼，就要求他删去。他就会假意反驳，不肯删掉，两人为此争吵起来。眼看着美术编辑越来越生气，争吵已经进入白热化，他觉得时机已经到了，又假意退让——同意删掉那只狗。

而因为法沃尔斯基的让步，美术编辑的自尊心得到了维护，也激发出了愧疚心，再也不好意思对他的画作指手画脚、提出修改要求了。他也因此达到了目的，作品得以保留全貌。

后来，法沃尔斯基就一直使用这个方法来维护自己的作品免受“整容”之苦。

6. 你不是 VIP，生活不会围着你转

关键对话技巧

当我们与人沟通的时候，要想让对方听你说下去，并且听进你的话，就要把话说到他的心坎里去。而要想做到这一点，就需要找到双方都感兴趣的话题——投其所好，沟通自然会水到渠成。

你不是每个人心中的 VIP，生活中不是所有人都会围着你转，可能你哪句话说得不好而踩到了别人的情绪雷区，就会导致社交失败。所以，在社交过程中，你最需要的不是充会员，而是拥有沟通能力。

著名成功学大师卡耐基说过这样两句关于如何与人沟通的金句：

"与人沟通的诀窍就是：谈论他人最为愉悦的事情。"

"如果你要使人喜欢你，如果你想让他人对你产生兴趣，你必须注意的一点是：谈论别人感兴趣的话题。"

每个人都有自私心理，那就是在跟你说话的人看来，没有什么事能比他自己来得重要，他的问题和需求大过一切——一场天灾人祸的重要性远远比不上他掉落的几根头发，他在意手上割破的一道小口子要比在意一场国家大事多得多。

所以，要想与人进行一场愉快又有效的沟通，不要总想着去谈论下一届奥运会能得到多少金牌或者某地出现的天灾等重大新闻，只需谈对方感兴趣的事就足够了。

我的高中同学李阳，大学毕业后他没有选择待遇优渥的某大公司，而是回乡创业，种植桃树，发展家乡的经济。他一直希望能与当地一位收购桃子的老板合作——不经过中间商插手，直接把桃子卖给他，这样对双方都有好处。

可这位老板性格很固执，加上他跟现在的供应商合作了多年，所以一直对李阳的提议不理不睬——即使李阳每个月都会抽出一天时间去拜访他，他也始终没有松口。

为此，李阳经常打听这位老板参加哪些社交活动的消息，想办法也参与到其中，试图能与他进行深入的交谈，改变他的想法。可几个月过去了，事情依然没有什么成效。

经过几次失败后，李阳开始反思原因出在哪里。思前想后，他觉得是自己的沟通方式有问题，于是花费大量时间去研究如何搞好人际关系。最终，他决定改变自己原来的做法——投其所好，从老板的兴趣爱好入手。

经过多方打听，李阳得知这位老板身兼数职，在市中心还开了一家画廊。原来，这位老板非常喜欢画画，时常后悔当初没有从事美术行业，所以他对画廊的工作十分热心，也非常负责。

李阳由此推测，这位老板应该对与美术相关的事感兴趣，于是下功夫学习了一些相关的资料。再次约见时，李阳改变了策略，不再跟对方讨论桃子的合作事宜，而是跟他谈论起了中外美术发展史。

这一次，李阳终于得到了回应，这位老板面对他的询问侃侃而谈，热情地解答了他的疑问。从国画到油画，从铅笔画到水墨画，从抽象派到立体派，两人谈论了近一个小时。这是李阳谈合作以来最大的进步。

在这次谈话中，李阳并没有谈及任何关于合作的事，但几天后老板的助理给他打了电话，让他带上桃子的货样以及价格表过去。这代表着什么？这单大生意谈成了！

事后，李阳感叹道："我在这位合作商身后紧追不舍大半年，却始终没能成功。如果不是我转变方式去发掘他的兴趣所在，不知还要浪费多长时间呢！"

可见，跟对方谈论其感兴趣的事情，在沟通中是多么重要的一个手段。

在社交中，想要达成某种目的，就要学会运用沟通技巧，善于发现对方感兴趣的话题，做到"到什么山头唱什么歌"，把话说到对方心里去。

那么，我们如何判断对方对什么话题感兴趣呢？

比方说，有的人说话时总是爱讲一些自身经历、做事的个性，这说明他性格外向，喜欢表现自己，并且乐于发表自己的意见，也暗示着他具备一些虚荣心。此时，想要获得对方的好感，不妨适时、适度地称赞他的经历和某个决定。

相反，有的人在谈话时很少说到自己的经历，而是发表一些自己的见解和看法，说明他性格内向，不爱表现自己。与这样的人沟通时，则要倾向于他的思想，避免挖掘他的隐私。

此外，值得注意的是，迎合对方感兴趣的话题时，一定要真诚、实在，不露痕迹。在迎合对方的兴趣爱好时，也要注意自己的措辞和态度——要真诚地向对方表示出你也具有浓厚的兴趣，而不是去附和对方。

这就需要你做到认真倾听，流露出你的好奇心，适当地进行提问。最重要的是，要有内容地去迎合对方。比如，对方跟你说："今年夏天真热啊！"这时候你要想迎合对方，就不能随意地来一句："是啊，很热。"这样一句轻飘飘的话，丝毫看不出你对他的说法感兴趣，只是敷衍罢了。

若是想迎合对方，就要有内容。比如，你可以说："是啊，听说这几天最高气温达到 40℃了，是近几年来最高的气温纪录。昨天我还听说，已经有很多人中暑了。"

这样一说，就表明你不是为了迎合对方，而是真的对这个话题感兴趣，有自己的看法，那么对方自然就会跟你谈得来了。

7. 沉锚效应：让别人无法拒绝你的技巧

关键说话技巧

害怕被拒绝是人们一种普遍的心理现象，但是，如果因为“害怕被拒”就一味地妥协、逃避，以此来减少被人拒绝的概率，这是非常不明智，甚至是愚蠢的。其实，我们完全可以变换策略，利用沉锚效应达到以退为进的目的。

好朋友菲菲说，自从用了淘宝以后，她就过上了“吃土”的生活。就说近期，还没到“双 11”，她就已经加满了购物车，点击“全部结算”后，盯着屏幕上醒目的五位数字，她痛心疾首地卸载了淘宝。可就在“双 11”结束的最后一个小时，她还是从被窝里爬起来，打开手机 APP，重新下载淘宝，清空了购物车。

第二天，看着支付宝账单，她捶胸顿足，无不可怜地说：“哎，下个月我又要吃土了。”

近两三年来，菲菲网购花费的钱越来越多。她说，起初自己把物品加入购物车是为了激励自己挣更多的钱，可慢慢地，她发现购物车里的物品过一段时间就会降价——当她觉得很优惠以后，就会毫不犹豫地下单。

菲菲向我吐槽说：“马云太阴险了，他是最伤害我的男人！”

我调侃她问：“他怎么伤害你了？”

“鬼知道为什么，我根本无法拒绝为他花钱！”她一副我见犹怜的模样，好像真是备受伤害一般。

其实不止是淘宝，很多购物软件都具备这个特点——你的收藏品加入购物车一段时间后，它的价格就会比当时的价格低一点。当你觉得自己得到优惠时，就会像菲菲一样，马上点击购买。

很多人都以为“双 11”“双 12”等折扣活动只是一场简单的营销策略——疯狂打折，谁会不心动呢？但是，这场活动背后还藏着一个心理学原理：沉锚效应。

当年，希伯来大学的心理学教授卡纳曼和特沃斯提出了“沉锚效应”，并为此做了一个实验：

卡纳曼和特沃斯邀请了一些志愿者参与这次实验，要求他们对非洲国家在联合国所占的百分比进行估计。

首先，他们将志愿者分成了几组，并在志愿者进行估计之前，随机地给了每组志愿者一个百分比数字。接下来，有趣的一幕发生了——每位志愿者得出的百分比数字，都受到了一开始给的随机数字的影响。

比如，A 组和 B 组的志愿者得到的随机数字分别是：10%、60%。那么，两组志愿者得出的估计数字则是：25% 和 45%。很明显，他们得出的估计数字和随机数字很相近。

为什么会出现这种情况？这就是源于卡纳曼和特沃斯先前提出的沉锚效应——人们在做决策之前，思维往往会被得到的第一信息左右，就像沉入海底的锚一样，把你的思维固定在某处，让你产生先入为主的概念。

就拿菲菲网购这件事来说，她将裙子加入购物车时的价格是 599 元，两星期后，这条裙子的价格是 498 元。于是，菲菲认为自己捡到了大便宜，花 498 元买一条原本近 600 元的裙子非常划算。就这样，她的账单又多出了一笔开支。

其实，沉锚效应不仅能运用在营销之中，还可以运用到人际社交上。比如我的同学宁檬因为内敛害羞的性格，在大学时期导致自己错过了很多机会——

她的公交卡余额不足，因为不敢跟陌生人搭讪借几元钱，所以走了五站地才回到学校；

她害怕被男神拒绝，那条想约对方看电影的信息，她编辑了很多遍最后也没有点击发送；

她害怕舍友刁难自己，不敢跟睡在上铺的同学提出“上床的时候动作轻一点”的要求；

她跟好友小樱吵了架，因为不敢道歉，最后直到大学毕业，两个人也没能冰释前嫌。

宁檬说，这些失败的经历让她很遗憾，就是自己太害怕遭到对方的拒绝造成的。如果她对男神说：“周六有时间吗？我想和你一起看电影。”而男神却冷冰冰地回答：“我没空。”那她简直糗死了！

于是，在“可能答应”和“可能拒绝”各 50% 的概率里，她哪个都没有选，而是直接选择不作为。

宁檬的经历让我有些哭笑不得，但又感同身受。在与人交往的过程中，绝大多数人都存有这样的心理障碍：我要不要跟老板提加薪的事？万一他不同意还要开除我怎么办？该不该约女神出去玩？万一她拒绝了我，我岂不是很没面子？

类似的想法都曾浮现在我们的脑海里，尤其是当对方拒绝的时候，没面子、自我怀疑，甚至自我否定的情绪更会将我们团团包围，有的人还会因为被老师、同学、对方拒绝而留下心理阴影，变得一朝被蛇咬十年怕井绳，再也不敢向别人提出要求了。

害怕被拒绝是人们一种普遍的心理现象，但是如果因为“害怕被拒”就一味地妥协、逃避，以此来减少被人拒绝的概率，这是非常不明智甚至是愚蠢的。其实，我们完全可以变换策略，利用沉锚效应达到以退为进的目的。

同事阿鲁离职以后，就在一条小吃街开了一个煎饼摊。相比其他煎饼摊，他的收入更加可观——要知道，煎饼的做法大同小异，味道也不会有太大的变化，而且有时候顾客往往为了节省排队时间而选择人少的摊位。

那么，阿鲁是怎样做到比其他摊主收入更高的呢？

原来，当顾客来买煎饼时，其他摊主都会问：“请问你需要加一个鸡蛋，还是不加？”这时，一部分顾客会回答加或不加。而阿鲁则会问：“你需要加一个鸡蛋，还是加两个鸡蛋？”

这时，80% 的顾客都会选择加一个或两个鸡蛋，只有 20% 的顾客会选择不加鸡蛋。如此一来，阿鲁的收入自然比其他摊主更加可观了。

其实，阿鲁的提问就是在借沉锚效应来达到让对方“无法拒绝”

的目的。“加一个鸡蛋”和“加两个鸡蛋”就如同沉入海底的锚，它固定了顾客的选择思维，大多数顾客都会在这两个选项中选一个——但无论选择哪一个，都会产生一次购买行为。

当你想要求他人做某一件事，又害怕被对方拒绝的时候，不妨就像阿鲁一样，利用沉锚效应使对方无法拒绝。

比如，当你想约女神见面时，可以这样问：“你明天有时间，还是后天有时间呢？”或者“周末一起去看电影吧，你想看爱情片还是科幻片？”

当你想让男朋友帮你分担家务时，可以这样问：“你想洗碗还是扫地？”或者“你想擦玻璃还是洗衣服？”

总之，当我们向对方提出要求时，可以先为他提供两个参考答案——不管对方选择哪一个，你达到目的的概率都是100%。

第三章

沟通的秘诀：如何让对方主动说话

“信人者，人恒信之。”信任是可以让你与对方进行良好沟通的最佳态度。只有相信对方，才愿意向对方吐露心声；倾听对方的建议，才能让心与心得以连通。

1. 握手的学问

关键对话技巧

握手不仅是一种礼节，随着社会文化的发展，早已成为一种重要的沟通方式。通过握手，可以让彼此的第一印象更为深刻。

握手是一种基本的社交礼节，它的历史源远流长，从远古时期就开始了。

原始社会的人类以狩猎为生，但那时生存环境非常恶劣，有很多猛兽与人类共存、竞争，所以人类出行时为了保护自身安全，总会随身携带武器。如果遇到同类，想要表示友好，人们就会扔掉手中的武器，伸出手掌让对方触碰，以此证明自己的友善。

随着历史的不断演变，这一习惯被保留了下来，形成一种礼节。但是，人与人的频繁交往逐渐被赋予了很多其他的内涵。

握手除了用于见面与告辞的寒暄外，还是一种无声的交流——可以给人带去祝福、安慰、鼓励、感谢、肯定等，能够沟通双方的情感，加深双方的关系，是一种重要的沟通手段。

之所以说握手是一种沟通方式，是因为不同的握手态度能够折射出你对于人不同的看法，也能够从中观察到对方的性格。很多人就因为疏忽了这一细节，导致沟通出现了问题。

朋友给我讲了他们公司发生过的一件事：他们公司是做外贸生意的，有一次，公司迎来了一个外商代表团。为了让外商在来华考察期间感到宾至如归，公司特地安排了一个英文很好的年轻人张恒专门负责接待事宜。

在为期一周的访问里，张恒对外商的衣食住行全都精心照料，从接机到陪同他们参观、旅游、组织会议、举办宴会等都寸步不离。

在代表团即将离华的前一天晚上，公司举行了践行宴会，高层领导全都前来作陪。席间，领导询问外商此行感觉如何，还有哪些需要改进的地方，对于公司的接待是否满意。

对方听了，犹犹豫豫地说："我认为你们的工作做得非常好，照顾得很周到，而且安排得也很合理，松弛有度——在中国的这几天，我们都感觉很充实。但是，你们负责接待的那位小伙子，是不是对我们有什么意见？这让我一直心里有结，不是很开心。"

领导听了此话非常不解，询问原因，但外商却不太愿意说。领导只能转而找张恒问话，谁知张恒听了也大吃一惊，连忙矢口否认，证明自己对外商并没有什么不满。

领导又问张恒，是不是哪里做得不够好，让外商生气了，他们才这么说。

但是，张恒想来想去都没想出哪点做得不好让对方不开心了。他觉得自己无论是带他们游玩，还是进行业务上的探讨，就连饮食也都是按着他们的习惯来的，都做得很到位。

领导一时糊涂了，张恒也感到很委屈。

最后，随行的其他翻译帮他们解答了疑惑：原来，从张恒在机场接到代表团开始，每次同他们握手都不正视他们，总是左顾右盼的，而且握手时没有力度，总是轻飘飘地、象征性地握一下。

在外商看来，这种行为是不重视自己的体现，就觉得是不是自己无意中得罪了对方，让对方对自己很有意见。

张恒明白过来后，非常诚恳地向外商解释：并不是自己对他们有意见，而是因为他刚参加工作不久，不知道握手还有这么多的学问，所以才造成了误会。

由此看来，握手也不是一件可以马虎的事，从一个人握手的方式就能看出他的态度——如果处理不好，就会带来沟通上的麻烦。

像上面这个例子，如果没有及时了解原因，解释清楚，外商就会心怀闷气，影响双方日后的交往。所以，如果能够掌握良好的握手方式，就能为沟通打下良好的基础。

那么，如何通过善用握手来增强沟通的效果呢？

你要掌握握手的基本原则：正对对方，身体微微前倾，双眼直视对方，面带微笑，手上带有一些力度，确保手掌与手掌完全接触，持续三秒以上。除此之外，还有更多的细节问题值得注意：

一、握手正确的姿势与力度

握手时，不能相隔很远就伸出手臂，也不能距离太近——适中的距离在一步左右。伸手时手与肩部自然放松，手掌侧放，拇指张开，虎口向上。

握手时手的力度要适当，太过轻柔会让对方觉得你在敷衍，并且认为你没有个性；太过用力也不行，显得你霸道，会引起对方的反感。力度以七分力最为适中。

二、握手的先后顺序

握手时讲究“尊者为先”的顺序，也就是说，应该让主人、年长者、地位高者和女士先伸手，然后客人、晚辈、地位低者和男士等才能与之握手。

在群体会面中，如果你只是一个不重要的小人物，千万不能抢着跟高层握手，而应该静静地站在一边等待时机。同理，如果你是最高领导，就应该带头与对方的高层握手，再按照级别的高低依次与其他人握手。

三、握手的禁忌

1. 握手时一定要用右手。

2. 握手时一定要保持手掌的清洁。

3. 若是有手套、墨镜等装饰，在握手前一定要摘掉。

2. 抓住对方心理，说出对方想听的话

关键对话技巧

说对方想听的话，就会让对方感觉自己得到了肯定和赞美，受到了重视。说对方想听的话，就会使对方减轻戒心，使你获得对方的好感，从而拉近彼此的距离。

同学李明大学毕业后就申请去了西部支教，他所教的小学在一个非常偏僻和贫困的小山村里。两年后，支教时间到了，但他毅然选择留下，现在已经是这所小学的校长了，非常受学生们的敬爱。

李明一直想给学校建一座图书馆，让孩子们能学习更多的知识、见识更广阔的世界。但是，他的能力实在有限，没有足够的资金去建图书馆。他不是没想过去当地的教育部门申请，但教育部门早就明确了也拿不出那么多钱。于是，他决定前往学校所在的乡镇，向当地数一数二的富商寻求帮助。

为了能够一次性成功，顺利帮助孩子们建立图书馆，李明在去拜访这位富商陈总之前做了很多准备工作，包括打听他的性格、喜好和过往的经历。然后他知道了陈总比较喜欢听奉承的话，还多方打听到了他值得称赞的经历。

以前，这位陈总曾经以低价购买过一块别人都不看好的玉石，后来经过鉴定才知道它质量上乘，价值连城。但是，陈总为了彰显自己的智慧，始终没有出手这块玉石，而是一直收藏着。于是，当李明一踏进陈总的办公室，第一句话就是："我一路过来就听说了先生一路的事迹，先生您真是独具慧眼呀，一眼就挑中了稀世珍宝，实在是让人佩服！"

李明还表示，希望能够观赏一下这块玉石，增长一下见识，也好回去说给学校的孩子们听，让他们开开眼界。

陈总听了非常高兴，热情地把那块玉石取了出来。李明欣赏着，一直不停地赞叹，变着法儿地夸赞陈总有眼光、有魄力，请求陈总将当时的情形说与他听。

陈总好像遇到了知己一样，滔滔不绝地把当时的情况一一说给了李明。从头到尾，李明都没提过关于帮助乡村小学建图书馆的事。但是，当陈总说完那块玉石的故事后，却主动询问李明："你找我是有什么事吗？"

等到李明说明来意后，陈总毫不犹豫地答应了他的请求，而且给的费用也比他原来想要的数额多得多。甚至，之后陈总经常会到学校来与孩子们一起上课、玩耍，时刻关注贫困儿童和支教老师的问题，并且尽自己的努力帮助他们。

试想一下，如果当时李明没有一见面就投其所好，说陈总爱听的话，那么就不可能引起对方的交谈兴趣，博得对方的好感，事情的进展恐怕就没那么顺利了。

由此可以看出，如果想要达成自己的目的，说服对方听从自己的意见，就要先引起对方与你交流的兴致。而说对方想听的话，是一个很有效的手段。

那么，哪些话才是对方爱听的呢？应该从哪些方面入手，才能说到对方的心坎里去呢？这里有几点建议：

一、对方得意、骄傲的事

每个人都有虚荣心，尤其希望自己能得到别人的肯定，所以谈论一些让对方感到得意和骄傲的事，比如对方得过的荣誉、为人所称赞的行为等，就可以打开对方的话匣子，让其侃侃而谈。

比如，你到朋友家做客，与朋友交谈的时候，如果朋友的孩子学习成绩非常优异，你就可以跟朋友多谈谈孩子的学习，参加过哪些竞赛、获得过哪些奖励等。

我的一个朋友说，她的结婚对象是一位比她大好几岁还带着孩子的男人，而她想要与那个孩子搞好关系的唯一方式，就是跟孩子谈论让他最得意的事、照顾好孩子喜爱的狗狗。

二、对方擅长的事

表现欲是人与生俱来的一种欲望，每个人都希望把自己最好的一面展现给别人看，也喜欢别人赞扬他的长处与优点，这一定是对方想听的话。

所以，与人交谈时要做到扬长避短，多谈论一些对方拿手的、擅长的事，对方自然会心情愉快，觉得你对他有所欣赏、有所了解，进而会把你引为知音，与你坦诚相见。

我认识的朋友中有一个人就特别擅长与人沟通，他可以算得上是八面玲珑——无论见到谁，认识的还是不认识的，他都能跟对方攀谈起来，而且说得对方眉开眼笑。

这一切就因为他懂得说对方擅长的事——他见到园林工人，就会请教对方如何剪枝；见到学音乐的，就会跟人家谈论 C 大调、g 小调；遇到公司老板，就会跟对方探讨经营之道；遇到卖小吃的，又会跟对方请教独门秘方。

所以，他走到哪里都有朋友，就算之前不是朋友，也能在经过一番详谈后变成朋友。

三、吉利话、祝福语和能够鼓舞人心的话

没有人不喜欢被他人祝福，也没有人不希望能在难过的时候有人去安慰、鼓励他。上大学时，有一个室友不知道因为什么事心情不好，一直坐在那里哭，半夜了还不吃不喝。大家问她原因她也不说，还让我们别管她。

但是，当我们去安慰她的时候，她也没拒绝，于是哭声渐渐停了。事后她说，那天她遭遇了人生中最大的挫折，她想过去跳楼，如果晚上我们真的不管她，不去鼓励她的话，她很可能会把这个想法付诸行动。

四、对方感兴趣的事

兴趣爱好是永远不会过时的话题，也是人人都想听、爱听的。

没人会对自己不感兴趣的话题充满热情，同样，他们也抗拒不了自己感兴趣的话题。你只要能够找准对方的点，说出让对方感兴趣的事，对方就会兴致勃勃地参与进来，与你大谈特谈。

3. 如何有技巧地拒绝对方

关键对话技巧

拒绝别人时一定要委婉，找一个合适的理由。

很多人在拒绝别人时都懒得解释，而生硬的拒绝会导致彼此的关系恶化，造成不必要的误会。给对方一个理由，就会让对方觉得被尊重，从而反馈给你善意的谅解。

在与人交往的过程中，每个人都会面临别人向你求助的时候——不过，有些求助或邀约是你不想答应的，可碍于面子、怕伤感情又不好拒绝，只好不情不愿地答应。

前些日子，下班后我跟好友李晨一起看电影《战狼 2》，电影刚放映几分钟，她就在一旁哈欠连天。没过一会儿，她就在这部充满爱国主义情怀的影片中睡着了。

散场后，我推醒李晨，她揉着眼睛迷迷糊糊地说："嗯，弄完了。"

"什么呀？你瞧你都困成这样了，昨晚没睡好啊？"我问。

李晨这才清醒过来，一边走一边说："别提了，昨晚不是没睡好，是压根儿就没睡。说起这事我就郁闷，我不是会 Photoshop 吗，两天前我一个老同学拍了组照片，说是要参加什么评选赛，就想让我帮他修一修，就这件事害得我没睡觉。

“本来我们公司这几天就忙，我想给他介绍个修图的朋友，可他说去外面找人修图太贵了，我又不能让朋友白帮忙，就答应了他，说等我忙完这阵子就给他修。嘿，可我没想到他还真不客气，当天就把样片和照片发给我了，十多张呢。

“昨天他催我，说快要到报名时间了，让我赶紧给他弄，别耽误了。我也是不知道该咋说，只好熬通宵给他修完了。”

“嘿，那你这老同学还真不客气。不过你也是，像这样的事你没时间处理该拒绝他呀。”

李晨一脸懊恼，无奈地说：“我也想过，可我们毕竟是老同学，他又求我，我是真不知道该怎么拒绝。”

李晨原本以为这件事就这样过去了，可没想到这部剧还有续集。

昨天，我接到李晨的电话，她在电话那端连连叹气，告诉我，原本她是好意帮同学修图，不承想一句感谢没落着，还落下一堆埋怨：同学想要复古风格的照片，可李晨修的图不像复古照片。

李晨叹了口气，说：“我给同学忙活半天，他还埋怨我半天。我被这事闹得郁闷死了，以后哪怕会得罪别人，不想做的事我也不会再答应了。”

不少人都跟李晨一样，心肠好、脸皮薄，心里虽不愿意帮别人做某件事，可对方几句好话或是软话，就在不情愿中答应了。其实，说“不”很容易——说得巧妙不仅能化解矛盾，还能维系双方的关系。

俗话说得好：“凡事留一线，日后好相见。”风水轮流转，谁也不能保证日后没有去求别人的一天。所以，说“不”要巧妙，不能太过粗暴、不留情面——否则会使两个人产生隔阂，也会给自己带来不必要的麻烦。

所以，拒绝别人时，一定要保持友好的态度，认真听完对方的要求，再委婉地陈述自己拒绝的理由——理由要合适、明确，能够让人接受。这样能够显示出你的真诚，你也不会因为拒绝对方而影响对方对你的好感。

就拿生活中经常会遇到的事来举例吧。当你收到同事或者朋友的邀约时，如果你不想去，一定不能冷冰冰地说“没时间，不去”，也不能过早地答复——如果对方还没说出具体时间和地点你就说不去的话，对方一定会很尴尬。

你应该认真听完对方的话，了解了具体情况后，委婉地给自己找一个不去的理由。

那么，我们为什么一定要找一个合适的理由呢？简单来说，如果你在对方明知你那天没有上班还以工作为借口而拒绝他时，就会让对方一下子发现你不想去，而且在赤裸裸地欺骗他。这样，你的信誉就会受损，也会影响你的人际关系。所以，拒绝的理由一定要合理。

这里还是以被朋友邀请参加聚会为例，给大家介绍几种合适的拒绝对方的理由：

一、学业或工作原因

聚会事小，学业或工作事大——无论这次聚会有多隆重，节目有多热闹，都比不上学业和工作重要。

以学业和工作为借口，是最让人信服的理由。如果为了参加活动而耽误了学习进度或者丢了工作，谁也担不起这个责任。所以，稍微识大体的人都会理解你的。

二、以家人为由

家人是最好的挡箭牌。你可以以陪伴家人为由进行拒绝，跟对方说好不容易休息了，要回家陪伴父母或者妻儿。这样的话，对方也就不好意思再邀约你了。

三、给活动找碴儿

在你得知了聚会的具体情况后，你可以针对这次聚会找出一些不合理的地方，比如那天有雨，不适合爬山；聚会地点的环境有问题；都三十多岁的人了，不适合成群结队去游乐场之类的。

这样，邀约者就会明白这次活动不符合你的喜好，硬要你去，你也会玩得不开心，这样对方就不会再强人所难了。

四、身体不适

身体与娱乐孰轻孰重，相信每个人都能拿捏准确。谁也不能拿健康冒险，谁也担不起这个责任，所以身体不适的理由最有效，邀约你的人一定会理解。

五、有约在先

可以跟邀约你的人说，那天你已经与别人有约了，做人要讲诚信，有个先来后到。这样的拒绝再合理不过了。

4. 让对方说出自己的真实想法

关键对话技巧

询问是引导话题、展开谈话的一个好方法，能够引出对方内心真正的想法，了解对方的需求与意见，掌握更多的信息。

在与人交流的过程中，询问是获取信息最直接、最有效的方法。在沟通中，当对方畏畏缩缩，不愿意主动开口时，可以通过适当的询问来引导对方说出内心真实的想法。等知道了对方的需求，了解了对方的意见，就会明白沟通时出现的问题。

善于询问有三个作用：一是可以通过发问来了解自己不熟悉的情况；二是当对方跑题后能够把对方的思路拉回正题，引导到重点上去；三是可以了解对方的想法，灵活应变。

同事杨子的妻子怀孕了，想吃酸的水果，他就上街去给妻子买橘子。他先来到第一家店，在店里转了一圈，看看橘子是否新鲜。老板看到有顾客来了，连忙起身相迎，但一直一言不发地站在一旁。

杨子问："这橘子怎么样呀？"

老板连忙说："又大又甜，还特别新鲜，早上刚刚上架。"结果，杨子一听，二话不说就转身离开了。

老板觉得非常纳闷："我没说错话呀！"

接着，杨子来到了第二家水果店。老板跟杨子是熟人，一看到他来了就跟他打招呼。两人围着橘子聊了好几句，但都是些不痛不痒的话，什么今年橘子不好卖呀，他家的橘子特别甜呀之类的。

最后，杨子同样什么也没买就走了。然后，他来到了第三家水果店。老板迎上来问道："先生，你要买什么呀？"

"我买橘子。"

"哎呀，那真是太巧了，我这里刚刚进了一批新鲜的橘子——有酸的，也有甜的，不知您是想买酸的还是想买甜的？"

"我想买一斤酸橘子。"

于是，老板一边给杨子称橘子，一边问他："酸橘子可不好吃，一般来买橘子的人都喜欢买甜的，您怎么反而买酸的呢？"

杨子便跟老板聊了起来："嘿，我也不是非要买橘子，只要是酸的水果就行——不就是因为橘子便宜嘛。最近啊，我媳妇怀上孩子啦，就喜欢吃酸的，要不然谁买酸橘子呀。"

"那要恭喜了。哎哟，您妻子有您这样贴心、会照顾人的丈夫，真是有福气呀！这孕妇呀，就该多吃些水果补充维生素，这样对孩子才好，您说对吧？"

"是啊，我也听人家说女人怀孕期间的饮食营养非常重要，而且要多吃富含维生素的水果，这样生下来的宝宝会更聪明些！"

老板又问道："那您知道哪种水果含的维生素最丰富吗？"

杨子摇摇头说："这我还真不知道。"

“猕猴桃！”

“是吗？那你这里有猕猴桃吗？”

“当然啦，您看我这儿进口的猕猴桃个大汁多，而且还不贵，您要不要买一点回去给您媳妇尝一尝？”

最后，杨子不仅买了一斤橘子，还买了一斤猕猴桃，而且后来成了这家店的常客。

为什么第三家店的老板能留住杨子这位顾客呢？道理很简单，因为他善于询问——前两个老板，一个从不主动说话，得要别人问他才会回答；一个问不到点子上，总是说些有的没的，那样怎么能知道顾客内心的真正想法呢？不了解顾客的想法，又怎么能做成生意呢？

但是，第三个老板不仅卖出了橘子，还增加了猕猴桃的生意，就是因为他会说话——不仅主动询问，还善于询问，一步步引导顾客说出自己的需求，了解了他的想法。

沟通中，要想窥探对方内心真实的想法，得到更多有用的信息，就要做到自己少说，让对方多说。而要想让别人说得更多，最有效的方法就是询问。

很多人在沟通的时候只顾着自个儿在那里滔滔不绝，完全不顾及别人的感受。但是，没有人喜欢被忽视，每个人都有表现欲，有自己的想法要表达，而如果你不给他表达的机会，就无法得知他真正的需求，从而使得沟通失败。例如，学生会喜欢与他们互动、询问他们意见的老师多一些；而一直在那里自说自话、无限灌输式的老师，几乎没人喜欢。

大家应该有同感，懂得询问学生的老师的课堂总是生机勃勃，充满乐趣；而一味地单方面灌输、喋喋不休的老师的课堂，总是死气沉沉，索然无味。

适当地询问可以挖掘对方的想法，引导他的思路，从而达到沟通的目的。

5. 适当地沉默，鼓励对方多说话

关键对话技巧

就好比数字中的“0”不单单代表没有一样，沉默在沟通中也不代表对方没有发出任何信息。恰恰相反，沉默有时候会比滔滔不绝的发言更加让人能接受，因为沉默代表了倾听和尊重——把表达的权利留给对方，才能使沟通更加顺畅。

人们在潜意识里总是把沟通等同于语言交流，觉得双方必须出声才算作交流。很多人都认为沉默根本算不上一种交流，觉得它无法传递信息和想法——大家都一言不发、鸦雀无声，怎么能算是沟通呢？

美国加州大学著名心理学教授古德曼对此有着不同的理解，他认为：“没有沉默就没有沟通。”

马岚特别讨厌后勤部的章姐，用她的话来说，每次听章姐说话，就觉得她嘴巴里有一个菜市场，好像有十几个大爷大妈在讨价还价。

马岚会这么评价章姐，也是事出有因。因为章姐是个很健谈的人，不管在哪里，只要她能插一句话，就绝不三缄其口。

有一次公司周年庆开联谊会，马岚正跟技术部的肖华聊得兴起，章姐也跑来凑热闹，就着两个人的话题发表了一番宏论。肖华尴尬地笑着，时不时点点头，示意自己在听；马岚就没那么好脾气了，把酒杯往桌子上一放，起身就走了。

后来，马岚向我吐槽说，章姐没事就往人堆里扎，叽叽喳喳地说个没完，显得她人缘多好似的。但现实是，正因为她平时总是插话，办公室里好几个同事都讨厌她。

在生活中，像章姐一样的人并不在少数，他们很难安静地做一件事，比如在家吃饭的时候打开电视机，看到某条新闻就跟着瞎评论两句；看到相声小品就跟着吼两声，一顿饭吃得人头昏脑胀。

你可以说话，但是我真心地劝你，不要跟他人交流到最后成为令人讨厌的模样。

在人际交往中，沟通很容易演变成一场证明自我的辩论。当没有人注意到你时，你会通过提高声调吸引别人的注意；当他人不认可你的观点时，你会为了说服对方而争吵不休。而像这样的沟通，不过是在消耗彼此的精力和感情，根本起不到沟通的作用。

在这种情况下，沉默就显得很重要了。

上个星期，公司设计总监田飞收到了一封匿名邮件，不知道是哪个下属给他提的意见：希望在职员汇报工作时，不要轻易打断他们。

看完邮件后，田飞回想自己开会的情景——确如邮件所说，他经常在下属提出方案时发脾气，而不是提出修改意见。

为此，周一开例会前，田飞在心里告诫自己：今天一定要耐心地听完每个人的汇报。令他意外的是，今天的会议异常顺利，由于他不再严厉地批评人，好几个职员都像获得了勇气似的，说了不少自己的想法。其中，有不少想法对公司现状的改进有很大的帮助。

田飞这才明白过来，其实下属们都很优秀，只是他平时过于严厉，总是不给大家说话的机会。

沉默实则是一种聆听，而沟通在大部分时候需要的都是安静地倾听。如果大家你一言我一语、七嘴八舌，你们的话说给谁听呢？谁又能听得进去呢？所以，适时地沉默能让你认真地倾听对方讲话，理解他的意思，更快地找到解决问题的方案。

古人言：沉默是金。它对沟通大有裨益，是一种有效的交流方法。值得注意的是，沉默要运用得恰到好处，不能太过频繁，总的原则就是要“避其锋芒”——如果对方非常急切地要表达自己的观点，此时你就应该做一个沉默的人，让对方倾诉个够；但如果对方无话可说，你也闷不吭声的话，就只能使沟通陷入尴尬中。

每次沉默的时间要把握好，既不能太长也不能太短。沉默时间过长，会让对方以为自己出了错或者犯了某种忌讳，引起你的不快；沉默时间过短，则显得你态度敷衍，不够尊重对方，没有认真在听他讲话。

恰到好处地运用沉默不是一件易事——一旦运用好了，就会给你带来意想不到的收获。记住，你学会了沉默，也就学会了沟通。

6. 命令式的语气永远不会有效果

关键对话技巧

命令的语气有时是行不通的，反而只会把事情越搞越糟。而用委婉、含蓄的言语来与别人进行沟通，可以避免无谓的争吵，避免伤害到彼此的关系，还可以相互增加理解。

有些人常常会无意识地使用命令式语气与别人沟通，比如，“你要这样做……”“你不能那样处理……”“再说一次，你必须按照我说的去办……”之类的话。尤其在公共场合，对别人指手画脚会令人感到厌恶，这不仅达不到沟通的目的，还会使双方的关系恶化。

所以，当你想要某个人做某件事，或者对其进行批评的时候，运用含蓄的语言进行委婉的表达，这样可以避免对方产生难堪的情绪，同时也可以更好地锻炼自己的说话之道，起到自我教育的作用。

在职场中，很多领导在跟下属交流的时候都会这样说：“你就按照我说的做。”“这个地方不能这样做。”“你看你这报告写得乱七八糟的，必须重写！”“我不是让你修改了吗？现在、马上去！”

只是，结果往往并不能如愿——下属会觉得自己不被尊重，心生怨气。久而久之，他就会变成只会听命令行事、没有任何主见的木偶。

其实，只要换种说法，就能得到不一样的结果。比如，把“拿回去重写”换成：“我觉得这个地方还是不够完美，修改一下可能会更好，不是吗？”这样，下属就会明白你的意思，并且被你平和的态度、缜密的思维折服，心甘情愿地为你工作。

举个例子，你想邀请女神共进晚餐，但语气强硬地替她做了主：“周六晚上一起去吃饭。”一句话就透露了你是一个自私、自大的人——你没有征求她的意见，甚至不在乎她那天是否有别的安排。试想，换做是你的话，你愿意跟这样不礼貌、不尊重自己的人约会吗？

此时，你有 80% 的概率会被直接拒绝，15% 的概率被敷衍，5% 的概率答应赴约——当然，这是在你人品爆发的情况下。

但如果你换种态度和说法，事情就会朝着你预想的方向发展。你可以这样问：“听说你们公司附近新开了一家餐厅，菜品非常好，现在预定只能排到周五和周六了，你哪天有空呢？”这样，女神就会觉得你很重视她，潜意识中就会顺着你的话题从中选一天赴约。

TALK

表弟最近跟舍友阿坤闹得很僵，提到阿坤就露出一副债主嘴脸。于是，我问他：“你跟阿坤有啥过节以至于让你这么恨他？”表弟思索了一会儿，回答我说：“没啥过节，我就是看不惯他。”

“比如呢？”我问。

“阿坤是汗脚，脚特别臭，但脚臭也就算了，关键是他还不洗脚，别人一来我们宿舍，就说我们宿舍有“毒气”。我就让他去洗澡，他答应得挺好，可就是不挪窝。我跟你说，他有一筐臭袜子，大概有十几双，等把所有的袜子都穿完了，实在没得穿了他才洗呢！

“我们一说让他洗袜子、洗脚，他可不情愿了。夏天我开窗户，他嫌空调的冷气都跑掉了；冬天我开窗户，他又嫌冷空气都跑了进来！哎，现在我们对他的意见可大了。”

表弟皱着眉头历数阿坤的“罪行”，我又问他：“那当时你是怎么劝他洗脚的？”

“就说‘阿坤，赶紧洗脚去’，还能说什么？”

听表弟说完，我倒觉得阿坤不爱干净跟表弟的说话口气多少也有点关系。我告诉他，回学校以后，用商量的口吻劝阿坤洗脚，或许他就听了。

表弟翻了个白眼，说：“拉倒吧，那么说他都不听，更别说商量了。”

我反问他：“那阿坤每次用命令的口气让你关窗户，你关过吗？”

“没有啊，我干吗听他的。”话一出口，表弟顿时明白了我的意思——当他和舍友命令阿坤洗脚时，或许阿坤也是这么想的：你是谁啊，我凭什么听你的？

过了一段时间，表弟给我留言，说他跟阿坤的关系日渐缓和，因为他将“阿坤，赶紧洗脚去”换成了“我一会儿去洗澡，咱们一块去吧”。

每个人都有自己的思想和意志，渴望得到他人的理解和尊重，所以在沟通中，如果你用一种强硬的态度要求某人做某事，即使对方肯做，那也是不情不愿的。而想让对方认同你的想法，最好的沟通方式就是商量。

7. 彼此信任才能消除沟通障碍

关键对话技巧

“信人者，人恒信之。”信任是可以让你与对方进行良好沟通的最佳态度。只有相信对方，才愿意向对方吐露心声；倾听对方的建议，才能让心与心得以连通。

在社会这个大舞台中，沟通是维持人际关系的最好纽带，它可以让我们了解别人，寻求帮助，解决问题。

但是，沟通的道路非常坎坷，很少有人能做到顺利、有效地进行沟通。这是因为，人都是自私的，会习惯性地猜疑对方的目的，怀疑沟通是否会给自己带来弊端，从而疏远对方，使沟通之路变得漫长而崎岖。

所以说，沟通的最大障碍就是缺少信任。这样，彼此就无法坦诚相待、知心相交，自然不会有好的沟通效果。

有这样一则故事：狮子和老虎是森林百兽里身体最强壮、能力最强大的两个，其他动物为了保证自己的安全分成了两派，各自跟随它俩。

百兽们各自追捧自己的领袖，并奉它为“百兽之王”，这使得狮子和老虎都认为对方想打倒自己，所以它俩一直彼此仇视，见面从不说话。

有一天，狮子午睡醒来，发现老虎就在不远处徘徊，它立刻想到老虎一定是想趁着自己睡着时攻击自己，抢占地盘，于是二话不说就扑了过去。

老虎看到狮子朝自己扑来了，也不解释它到底为何在此，直接跟对方动起手来。于是，它们之间爆发了一场激烈的战斗，最后两败俱伤。

在它们都奄奄一息的时候，狮子才怨恨地说：“都怪你非要抢我的地盘，否则我们也不会弄成现在这样。”

老虎听了，吃惊地说：“我什么时候想要抢占你的地盘了？明明是你想要侵略我。”

狮子和老虎因为互相不信任，从来不与对方沟通，所以一点风吹草动就引发彼此展开生死相搏，最终造成了悲剧。

这虽然只是一个故事，但也告诉我们彼此信任的重要性。信任是沟通的基础，缺乏信任的双方是不可能进行有效沟通的，当然也就无法解决彼此的矛盾。

信任对沟通到底能起到什么作用呢？曾经有一项非常著名的心理学实验，就是为了验证信任对于沟通的作用的。

南加州大学举行了一场声势浩大的演讲，因为演讲者福克斯博士是一位非常“著名”而且“优秀”的人才——他知识极其渊博，不仅是一位心理学家、精神病医生，还是管理者和教育家。

在演讲中，他陈述了很多对于专业领域的看法和观点，听众们对此非常赞同，好评如潮。他们评价福克斯博士“博学多才”“有理有据”“演讲妙趣横生，十分精彩”，对他的演讲内容十分信服。

事实上，这并不是真的福克斯博士，他只是一名演员，也不懂心理学、教育学的知识，而且他的演讲中充满了根据不足、自相矛盾，甚至前言不搭后语的话。所以，在这场演讲中，他只是一个为实验献身的普通人。

但是，因为实验团队对他的包装和渲染，他的众多“头衔”让人们对他崇拜、欣赏，并且深信不疑，因此对他的演讲赞誉有加。

这次实验表明，如果大家认为一个人有威信，值得信任，那么就会轻易地接受对方传达的一些信息，并认同他的理念；而如果一个人声誉不太好，做事不靠谱，或者曾经传过坏话，犯过错误，那么他就很难被人“接受”。

比如，你的某位朋友让大家都很信服，那么，他的看法就会很容易赢得大家的赞同，大家都会愿意找他提建议。再比如，你的同事曾经做过错误的决定，给公司造成了一定的损失，那么他的主张就不太会再被人看重，大家也不太会愿意听从他的建议。

这就是信任的力量。

古希腊先哲亚里士多德说：“一个讲话人的行为表现，如果被听众认为是良好的、聪明的和善意的，那么其说服效果会大大增加。”同样的道理，如果说话的这个人得到了别人的认同，他的话就会很有分量，更容易让人接受，别人也会乐于听他的建议，与他沟通。

所以，要想让沟通变得顺利，就需要你让对方对你建立信任——只要得到了对方的信任，沟通之路自然畅通无阻。

那么，如何才能让对方对你建立信任呢？

一、相信别人

要想对方信任你，首先就要做到相信对方。向对方传达一种“我欣赏你、我相信你”的态度，主动跟他分享自己的事，他也会乐于跟你分享，不知不觉中就会信任你。

二、说话算话，诚实守信

所谓“言必信，行必果”，答应别人的事一定要信守承诺，努力完成。只有说到做到，才能建立信誉。

三、不要轻易许诺

不要为了逞能而对别人提出的任何事都答应，有些事如果自己做不到，一定不要轻易答应，否则就会失信于人。

四、提升自己的能力

强者永远是值得信赖的人，只要你有良好的表现，有让人佩服的能力，别人就会相信你。

第四章

巧用八大技巧：让语言没有“杀伤力”

在与人交谈时，为了表达的需要，我们常常要用到一些含有“言外之意”的话，或是暗示对方的错误，或是委婉地给出建议，以免让对方下不来台，给彼此留有余地。

1. 记住对方的名字，是实现良好沟通的第一步

关键对话技巧

记住一个人的名字，就代表你给予了他足够的重视，是对他最大的尊重。当你说出一个有过一面之缘的人的名字时，比什么赞扬都有用，对方一定会非常开心，对你产生好感。

随着科学技术和交通的发达，沟通变得越来方便，越来越频繁。人们的交际范围在不断扩大，结识的人也就越来越多。

我们每天都会跟很多陌生人见面、交谈，脑容量根本不够用，常常一转身你有可能就忘记或者根本没记住一些人，因此闹出很多一转身又回来问“您贵姓”的笑话。

姓名虽然从某种程度上来说只是一个代号，但它是一个让人非常重视的代号。著名的成功励志大师卡耐基说过：“一种既简单但又最重要的获得好感的方法，就是牢记住别人的姓名，并且在下一次见面时喊出他的姓名。”

从古至今，姓名都是一个人的标志，它跟随人的一生，人们总是最珍爱它，同时也希望别人能尊重它——君不见，无数画家都会在作

品上盖上自己的印章；一些重大的发现或创造，也都是以开创者命名的，诸如哥伦布海峡、美国首都华盛顿、诺贝尔奖等。

试想一下，如果别人在见到你的时候，无论如何也想不起你叫什么，场景该有多尴尬，你的心里又会是什么感受。而如果一个点头之交的人随口叫出你的名字，又是多么让人惊喜。

由此及彼，记住别人的名字是对别人最大的尊重。如果你能够在与见过一面的人再次见面时，一下子叫出对方的名字，他一定会非常高兴，并且会对你心生好感。因为，这说明了你对他的重视和在乎——试问，谁不喜欢被人重视呢?

准确地叫出一个人的名字，对对方来说不啻是世上最美妙的话语——他会很开心，你的形象在他心中就会大放异彩。

曾有人采访过一位德高望重的老教授，向他寻求如何做才能受到学生爱戴的秘诀。教授的回答让人出乎意料，因为答案竟然不是学识多么渊博，也不是品德多么高尚，而是：“记住每个学生的名字。”

记者感到很疑惑，细问之下，教授讲述道：多年以前，他曾在一家饭馆吃饭，突然听到后面有人在喊“老师”，他习惯性一转身，发现喊的果然是他。喊他的人是几年前就毕业了的一名学生，旁边跟着他的女朋友。

教授便立刻在脑海里回想这名学生，但他只记得这名学生姓张，便回了一句：“是小张啊。”这在他看来很随意的一句话，却让那名学生惊喜万分，瞪大了双眼。

随后，两人又聊了几句，教授逐渐想起了这名学生的名字。该学生更加激动了，握着教授的手说：“没想到这么多年过去了，老师还能记得我的名字！”

第二天，那名学生便去拜访了教授，之后他们也一直保持着联系。

教授对记者说：“从那之后，我突然意识到，记住学生的姓名对于他们来说多么重要。后来，我每带一个班，第一件事就是记住所有人的名字，并且永不忘记。我想，如果非要给我受学生爱戴找一个理由的话，就是这个了。”

当然，记住每个人的名字很难，下面就给大家介绍如何更快地记住别人的名字的方法：

首先，要反复记忆。多次重复一个人的姓名，让它在你的脑海里生根发芽。

其次，要有技巧地去联想。有些名字如果颠倒一下顺序，或者利用谐音记的话，会变得非常好记。

然后，用笔记下来。俗话说，“好记性不如烂笔头”。用随身携带的纸笔或者用手机记下对方的名字，每天看上几遍，时间久了自然而然就记住了。

最后，养成记名字的习惯。当你看书或者看电视的时候，刻意地去记一下出现的演员人名，这会帮你养成好习惯。慢慢地，当你听到人名时就会下意识去记它，并且速度还会提上来。

2. 巧妙地用弦外音表达真实想法

关键对话技巧

在与人交谈时，为了表达的需要，我们常常要用到一些含有“言外之意”的话，或是暗示对方的错误，或是委婉地给出建议，以免让对方下不来台，给彼此留余地。

有一句古语说得非常好：“鼓要听音，话要听声。”意思是说，听别人说话的时候不能只听表面意思，而要注意背后真正的意思。为什么这样说呢？难道一句话还能有两种意思？

当然有。

在与人沟通时，很多时候因为某些原因，我们有些话不能直说，而通常都会委婉地表达，或者说一些暗示性的话，把自己真正的意思藏在隐晦的表达中，让对方自行领悟。

这是因为，有些话直说出来可能会伤害到对方的自尊，或者引发对方的负面情绪，影响双方的感情。

所以，我们要学会在沟通中巧用弦外之音。

从古至今，中国人一直比较含蓄、委婉——相比于欧洲人的开放、火热，中国人更像一朵花苞半开的莲花，香远益清，婉转多情。这种含蓄、委婉不仅体现在气质上，还体现在我们的生活与职场之中。

比如说，在《青岛往事》中有这样一个桥段：由黄渤饰演的青岛商人王满仓，雇用德国人弗利希为店里的伙计，令人艳羡的是，弗利希不仅待遇丰厚，而且他的工作居然是到酒吧、咖啡厅享受生活。

弗利希的英国朋友非常羡慕他，于是对他说："如果还有这样好的工作，一定要介绍给我。"

"没问题，但是我要两成的佣金。"

"当然可以。"

外国人在社交方面相比中国人要简单许多，如果换作中国人提出这样的要求，那么情景将大不一样。

学长李奥今年已是而立之年，毕业后就在现在的公司工作，如今已是公司的老职员了。他能力出众，业绩突出，为公司作出了很大贡献。公司领导张总多次表示出对他的欣赏，并在一次他又做成一单大生意后，当着大家的面许诺要给他升职加薪。

但是，张总口头许诺之后，却久久不见动静。

于是，李奥就带了一盆看起来非常枯瘦的盆栽到公司。每天一看到张总从自己身边走过去，他就特意把盆栽拿起来——平时也都放在特别显眼的地方，为的是让领导看见。

终于，有一天张总忍不住问他："李奥啊，你的这盆花怎么看上去这样没精神呢，感觉就要枯死了。你几天浇一次水啊？有没有给它施肥啊？"

李奥说："张总，我两天给它浇一次水，还每天都让它晒太阳，肥料更是不曾落下过。"

张总又问："既然你这么悉心地照顾它，那它怎么还这样枯败呢？"

李奥理直气壮地回答："那是因为我说的那些事，只是我答应给它做的，实际上我并没有做到。"

张总一听，就知道李奥话中有话，实际指自己允诺未竟之事。于是，第二天他便下令任命李奥为部门经理了。

在很多场合，一些话是不好直说或者不能直说的，那么就需要我们旁敲侧击，运用弦外之音说一些曲话，让听者明白你的意思。

这是《特别关注》刊登的一则故事：

傍晚，波特兰市警察局的报警接线员接到一个奇怪的电话。

"你好，这里是警察局。事发地点在哪里？"

"中央大街 123 号公寓。"

"发生了什么事？"

"我想订一个比萨。"

"女士，你知道你打的是报警电话吗？"

"是的，我知道。我可以订一个意式香肠比萨吗？"

"嗯……对不起，你知道你打的是报警电话吗？"接线员觉得这是一个恶作剧，经过再次确认后，他发现这位女士非常清楚自己在做什么。但这件事太蹊跷了——谁会打报警电话订比萨？

这时，接线员的脑中闪过一个可怕的想法，他问道："女士，你现在不方便讲话，是因为房间里还有一个人，对吗？"

"是的，你还要多久能到？"

"我们的一位警员在距离你一英里左右的位置，他马上过去。"

"好的，等会儿见。"

警员赶到现场时，一个满身酒气的男人正在殴打那位女士。女士被解救出来后，警员才知道，她的男朋友经常在喝醉后对她实施家暴。为了不让男朋友发现她报警，她想到借弦外之音——订比萨，向警察发出了求救。

此外，巧用弦外之音，还可以达到很好的劝谏效果。

曹操非常欣赏三子曹植的才华，因此想废了长子曹丕，转立曹植为世子。当曹操去征求贾诩对这件事的看法时，贾诩一言不发。曹操就问他："你为什么不说话？"

贾诩答："我正在想一件事呢！"

曹操问："你在想什么事呢？"

贾诩答："我正在想袁绍、刘表的事。"

曹操听后，立刻明白了贾诩的言外之意：袁绍和刘表就是因为不顾长幼顺序，废长立幼，导致儿子们有了反心，才招致祸患的。于是，曹操不再提废曹丕、立曹植的事了。

由此可见，弦外之音可以起到很大的作用。所以，在实际沟通中我们可以适当地运用它。

比如，你的下属每次提的想法都千奇百怪，做出的企划案毫无可行性，你早就忍受不了想辞退他了，但他的态度偏偏又很认真、刻苦，叫你不忍心直接跟他挑明。这时，你就可以运用弦外之音让他明白你的意思。

你可以这样说："你的策划案真是很有创意，每次都能叫人眼前一亮。如此天马行空的理念在我们公司太受局限了，所以我觉得你很适合自主创业。"这话的弦外之音是：你的想法简直莫名其妙，教人不能忍受，我觉得你还是辞职离开吧。

再如，你的学生总是不认真写字，胡写乱画，让人根本认不清。你可以这样跟他说："你这字写得非常好，比张旭有过之而无不及啊！"弦外之音是："草圣"张旭的字我都认得清，但认不清你的字啊！

3. 让人舒服的谈话之道

关键对话技巧

真正善于沟通、精通说话之道的人，一定是善于运用幽默的人，因为幽默是沟通的润滑剂。善用幽默可以提高你的说话水准，减少在与人交往中发生的摩擦，使人际关系更加和谐、融洽。

我们在与人交往或沟通的时候，经常会陷入尴尬的局面，或者遇到因为双方意见不同而产生矛盾的情况。

这时，如果能够恰当地使用幽默的方式，就能化干戈为玉帛，平息争议。因此，要想做一个在与人沟通时得心应手的高手，学会运用幽默的方式是必要的。

很多人对幽默存在误解，认为擅长开玩笑、讲笑话就是幽默。于是，生活中总是有人闹出不雅的笑话。

在某次聚会中，大家都在谈论自己的近况，这时路人甲硬生生地插进一个笑话，他说：“有一只公鹿，它走着走着，越走越快，大家猜猜，最后它变成了什么？”

大家出于礼貌只好停下自己的话题，配合着问：“变成了什么？”然后路人甲宣布答案：“变成了高速公路！哈哈哈……”

也许路人甲的本意是逗大家一笑，但我敢保证，80% 的概率会导致冷场，因为讲笑话和幽默感是两回事。

上个月，公司来了一名新同事，她长得很漂亮，削肩膀、水蛇腰，好几个男同事都向她献殷勤。但这些人里，她只对魏玮印象深刻。因为魏玮见到她后，直言她很漂亮，而她对这些低品位的男人一向没有好感，不屑地说：“是吗，可我觉得你很差劲。”魏玮毫不介意地笑着说：“那没关系，你可以像我一样说假话。”

幽默不但能化解尴尬，缓和气氛，解决矛盾，还能给人留下深刻的印象。但是，你要分清什么是幽默感，别像下面的例子一样，本来是想要活跃气氛，却没想到偷鸡不成蚀把米。

朋友张波去年结婚了，有了老婆的照顾，他的生活越来越滋润，人逐渐胖了起来。几天前参加同学聚会，一位与他关系非常好的老同学走过来找他搭话。

乍一见张波，那位同学有些蒙。为了缓和关系，找回以前的那种好哥们关系，他自认为很幽默地说：“结了婚的人就是不一样啊，看看，发福成这个样子，一身肥肉——原来我说你是猴子，现在看来是肥猪啊！”

同学们听了都笑了起来，但张波的脸色却非常难看，后来也始终一言不发。可想而知，以后他跟那位同学的关系会怎样了。

一个懂幽默的人说话有趣、能吸引人，但是他不会故意去讲什么笑话。就像优秀的相声演员，一场相声可能只有七八个包袱，却能吸引观众认真地去听——在没抖包袱的时候也能开怀大笑。

我的客户章丽，她是一位非常喜欢交际的女人，并且具有幽默感，与她交往过的人都很喜欢她。

一天周末，章丽邀请了很多女友来家里一起吃午餐，谁知有几位女友在餐桌上不知因为什么互相争吵起来，谁也不让谁，而且大有愈演愈烈的趋势。

眼看着大家争论不休，一场愉快的周末聚会就要被破坏，章丽指着桌子上的辣子鸡丁，笑着说道："看来我们厨师的技艺实在太高超，能让这些鸡块被我们吃下去以后还能在肚子里作祟，让我们仍旧保持斗鸡时的精神。"

女友们听了她的话，这才意识到失态，纷纷笑了起来，一场矛盾就消失了，大家重回和谐的氛围。

由此可见，幽默实乃化解尴尬局面、解决矛盾的好办法。但是，幽默也需要技巧，用得恰到好处才能让人心情愉悦，起到正面作用；如果没有分寸地滥用，则会让人反感。

虽然幽默是沟通中的调味剂，可以拉近彼此的距离，但那仅限于高雅、含蓄的幽默——如果把握不好分寸，就会恶语伤人产生反效果，所以一定要掌握技巧，善用幽默。

一、不要滥用幽默

凡事不宜过度，如果你时时幽默、处处幽默，那么幽默就失去了它应有的作用——就像大鱼大肉一样，偶尔吃一顿会让人心情愉悦，但如果吃得太频繁，就会感到腻味。

二、要分场合

幽默不是随时随地都可以用的，而是要分场合。若是娱乐性质的活动，幽默可以调动气氛；但是，如果在一个非常严肃的场合，你突然冒出一两句搞笑的话，就会引起别人的厌烦。

三、幽默要高雅

幽默要有分寸，语言要文雅，不能太过粗俗，否则就成了嘲弄。如果把握不好度，就会伤害到别人的自尊，影响彼此的感情。

所以说，一个人要想精通幽默之道，并不是一件容易的事。

首先，平时要注重学习和积累，才疏学浅、孤陋寡闻的人是很难使用好幽默的。

其次，要学会自我调控，保持冷静，不要脑子一热就说出过分的话。

最后，还要有良好的语言表达能力和文化素养，这样幽默才会得体。

4. 提问不丢人，不会提问才丢人

关键对话技巧

虚心向别人求教，我们不浪费时间就能学到新知识，还可以学到宝贵的经验，以免未来走弯路。

如果说看书是静态的学习，那么求教便是动态的学习。虚心请教可以让我们通过对别人知识和经验的借鉴，减少摸索的时间和降低失败的概率，更快地走向成功。

所以说，若是想要改进自身的不足，谋求更大的发展，虚心向别人请教是最为有效的办法。在请教的过程中，你可以清楚地发现自己的不足之处，并且学到很多知识与方法，不断进步。

而对于一些初入职场，或者刚刚到一个新环境工作的职员来说，要想快速熟悉环境、融入集体，虚心求教更是最直接、最有效的方法。一句请教的话，就可以让你积累一份人脉，收获一份经验。

此外，虚心求教，不懂就问，也是一种提升说话水平的方式。因为你只有会说话，才能让对方心甘情愿地把经验传授给你。

有一次，我跟朋友去郊外很远的一条河里钓鱼，不过我俩都是第一次钓鱼，什么都不懂。等我们到了那里的时候，那里已经有三位老者在垂钓，我俩就在小河边静静地坐下了，并没有同三位老者交谈。

过了一会儿，其中一位老者起身，对其他二人说：“这边的鱼都受了惊，难以上钩，我要到河对面去钓。”说完，他便蜻蜓点水一样在水面轻点了几下，仿佛走在陆地上一样，很快就到了对岸。

朋友感到非常惊讶，他问我：“这老者难道会轻功不成？”我摇摇头，表示也无解。

又过了一会儿，另一位老者也起身离开——同前一位老者一样，他也是“飞”过去的。

朋友再次看呆。没过一会儿，剩下的那位老者也像前两人一样到了对岸。

朋友心想，怎么会这么巧一下子遇到三位世外高人，定是那河中有什么蹊跷，谁都能过去。于是，他觉得自己一定也可以像他们一样点水而过，便学着他们的样子向水中走去。结果，他“扑通”一声掉到了水里。

对岸的三位老者见状，赶紧过来帮我一起把朋友救了起来，并询问他为何掉入了水中。朋友便把自己的想法说了。

三位老者听了，不禁哈哈大笑，其中一位老者说道：“你既然有这样的疑问，为什么不向我们求证呢？这样做实在是太莽撞了。

“我们三人从小就在附近村庄长大，在这条河上走了几十年了，河里哪一处水流浅，哪一处有石头，我们都知道得一清二楚，所以我们才能轻松地趟过河去，并不是如你所想——飞过去的。你对此一无所知，贸然过河，自然会掉入河里呀！”

由此可见，虚心请教可以避免走弯路，让事情变得更加简单。

冯老师是一位经验丰富的老教师，在城里中学干了二十多年，是校长的左膀右臂，也是年轻教师的“师傅”——一些刚进学校的年轻老师都会由他带一段时间，跟他学习如何授课。

而正是由于冯老师资历老，经验丰富，再加上他年龄也已经五十多岁了，上课就只靠一张嘴讲。因为他当老师的时候，根本没有什么计算机、手机、投影仪之类的，哪像现在可以用 PPT 课件，又能讲清楚，又不费力气。

冯老师不会用计算机，也不曾想要去学习怎么用计算机，他觉得自己这样上课就挺好，教出来的学生成绩也不会差到哪里去。直到有一天，他教学生一道非常需要想象力的几何题，怎么讲解学生都是糊里糊涂的，以后一遇到这种题型就做错。

但是，他发现同一年级其他班的学生，做对这类题型的正确率都很高。一问之下才知道，原来其他班的老师都是用投影仪给学生上课的，把这道题分解得很详细，每一个步骤都有对应的图可以让学生清楚地理解。

冯老师这才反思自己的教学方法是不是真的落后了，也许先进的科技更有效率。于是，他决心学习怎样使用计算机，怎样做 PPT 课件。冯老师找到年轻的教导主任，虚心向他求教如何使用计算机给学生上课。教导主任把自己的经验倾囊相授。三个月后，他熟练掌握了用计算机上课的方法，又结合自己多年的教学经验，使教学率提高了不少。

虚心求教的好处非常多，不仅自己可以得到提升，还能拉近彼此的关系，被对方视为知己，增加对你的好感和信任。

现实中有很多人明白虚心请教的好处，却总是不去实施，因为他们自觉不会说话，害怕遭到拒绝，有损自尊。

其实，很多人都有好为人师的习惯，被人请教可以满足他们的自尊心，觉得自己受到了尊敬和肯定——他们不仅不会小瞧你，还会更加欣赏你。

虚心请教不会给我们带来任何损失，反而能够锻炼我们的说话水平，提升我们的人格魅力，让我们的人际关系更加融洽。

5. 优秀的沟通回应术

关键对话技巧

由于人们的思维方式不同，所以学会多角度沟通就显得非常重要——我们不能强迫对方接受自己的想法，但可以利用沟通技巧引导对方改变思路。

在与人交谈时，很多人有这样的疑惑：我好话说了一大堆，为什么对方就是不领情?

在回答这个问题之前，需要讨论的是沟通思维。不少人都将这种结果归结为：对方情商低，不懂沟通回应术；对方目中无人，自己热脸贴了人家的冷屁股。

在抱怨别人的言行之前，我们应该先进行自我反思：我是否用对了沟通回应术？

瑶瑶经朋友介绍，认识了现在的男朋友姜浩。两人交往一段时间后，瑶瑶就起了分手的念头——她觉得姜浩各方面都不错，可就是不懂如何沟通。

前段时间《前任3》上映，瑶瑶和姜浩一起去看，看到孟云扮成至尊宝的样子在繁华街区大喊“林佳，我爱你”时，瑶瑶已经哭成了泪人，她哽咽着对姜浩说：“假如我提出分手，你会像孟云一样吗？”

姜浩摇摇头，不屑地说：“这是电影剧情而已，现实中哪有像孟云这样的人？”

瑶瑶听完很失望，电影还没结束，她就拿着包离场了。姜浩这才意识到自己说错了话，赶忙追了出去。

事后瑶瑶抱怨说，这个桥段很感人，当她那样问姜浩时，最想听到的答案是“我们不会分手”，而不是被泼一盆冷水。

不管是在生活中，还是在职场中，很多人都犯过这样的错误：自认为对某件事情的感受就是事实。来看下面这个例子：

甲：×× 电影上映了，周末咱们一起去看吧。

乙：啊，可网上说这部电影很差劲。

甲：不会啊，我看了预告片，觉得还不错。

乙：哦，是吗？那改天再看吧，我周末已经有安排了。

不少人都像甲一样，当听到争议声时，第一反应就是反驳对方，强迫他接受自己的观点。而这种沟通方式造成的结果，就是让对方嘴上认可你的观点，但心里依旧不想看这部电影。

下面是正确示范：

甲：×× 电影上映了，周末咱们一起去看吧。

乙：啊，可网上说这部电影很差劲。

甲：我刚看了下评论，好像真不怎么样。哎，周末又要宅在家里了（这句话表明了自己的态度：周末有时间，并且没有安排）。

乙：要不咱们去逛街吧，我还有一张火锅优惠券，逛完街去吃火锅怎么样？

甲：好啊，正好我想去看看 ×× 品牌新出的计算机。

乙：你打算换计算机吗？那台计算机什么配置……

很明显，甲和乙实现了有效沟通，他们从讨论某部电影聊到了某品牌新出的计算机，进而还能引发更多的话题。比如，你之前的计算机是什么品牌，×× 品牌怎么样，等等。

在与人沟通的过程中，当对方对某话题兴趣不强烈时，你可从两个角度回应：

1. 这是对方的谦辞，他并不想接受你的邀约。

2. 引导对方说出真实想法。以甲和乙的对话为例，甲的目的并不是看电影，而是与朋友度过愉快的周末；乙并不想看这部电影，他更想吃火锅——当他达到目的后，也愿意陪同甲去做更多的事。

有的人性格外向、沟通能力强，有的人腼腆敏感、说话“拐弯抹角”。由于人们的思维方式不同，所以学会多角度沟通就显得非常重要——我们不能强迫对方接受自己的想法，但可以利用沟通技巧引导对方改变思路。

6. 重视肢体动作的作用

关键对话技巧

肢体语言通常都是人下意识做出来的，能够清晰地传达出一个人的真实感受，很少具有欺骗性。因此，在与人交流的时候，你要时刻注意对方的肢体语言，以便了解他的心理，随时做出调整，让沟通更加顺利。

《福尔摩斯探案集》中有这样一段话："从一个人的手指甲、衣服袖、靴子、裤子的膝盖处，甚至大拇指与食指间的老茧，以及人的动作、表情等，都能准确无误地显示出他的职业来。如果把这些情形联系起来，还不能使案件的调查人恍然领悟，那几乎是难以想象的事。"柯南道尔是想告诉我们，一些信息不一定非要从语言的沟通中得到，通过对方的肢体动作完全可以掌握他的大部分信息。

这并不是作者异想天开，早就有科学研究表明，从言语中传达的信息只占全部信息的 7%，声调可以传达 38% 的信息，而剩下的 55% 都是由非语言来传达的。这就像刚出生的孩子，在他们还不会说话之前，就是在用肢体语言表达自己的意愿。

简单来说，肢体动作包括面部表情在内的身体与四肢所表达的意义，它可以通过身体的各种动作代替语言来表达自己的意思，在沟通中有着巨大的作用。比如，鼓掌表示赞赏，微笑代表高兴，点手指表示不安，垂头代表沮丧，摸后颈表示心虚，摔东西代表愤怒等。

通过这些肢体动作，我们可以轻易地辨识出一个人的情绪和想法，就会知道他是在撒谎还是在说实话，知道他对你的建议是赞同还是反对，知道他是喜欢你还是讨厌你，知道他到底是言行一致还是心口不一。

伟大的心理学家弗洛伊德就是通过病人的肢体动作来了解他们的内心想法，从而为他们进行心理治疗的。

有一次，弗洛伊德接待了一位女病人。聊天中，女病人一直在声情并茂地给他讲述她的婚姻是如何美满、幸福，丈夫对她是多么宠爱和照顾。但是，弗洛伊德注意到女病人在讲这些话的时候，手一直在下意识地、不停旋转她的结婚戒指，一会儿滑上，一会儿滑下。这个动作的含义十分明显：她对自己的婚姻并不满意。

后来，女病人的婚姻果然出现了问题。

弗洛伊德一点也不奇怪，因为有声语言是比较容易控制的，具有很大的欺骗性；而肢体语言则是下意识的，连当事人都不自知，所以更具真实性。

很多研究证明，肢体语言是一个人下意识的举动，它不会撒谎——你的身体会告诉别人你的真实心理情况，甚至你的手势和站姿都能说明问题。

回想一下，当你与别人交谈时，经常会因为对方的话或皱眉、或摇头、或点头、或微笑、或身体前倾，这些动作多半不是经过深思熟虑后才做出的，而是你下意识做出来的。

也许你本人有时候都不知道自己做了这些动作，等到谈话结束后，你才会突然想到：为什么我会有那样的动作？正是因为不自知，所以它是每个人最真实的反应。

只有弄清楚对方的肢体动作所表示的意义，你才能根据对方的态度和想法对谈话内容和方式进行调整，来确保谈话的成功率。所以，以下一些肢体动作代表的意义一定要牢牢记住：

双手摊开，高昂着头，说明这个人目前处于很放松的状态，对你所说的内容也很赞同。这种人往往非常自信，有骄傲的资本，并且一定有所成就。

不断地绞手，说明这个人紧张、焦躁，非常不安。双手放在脑后，身体后倚，则说明这个人非常放松，也表达出了他的自信。

抚摸下巴或者指尖轻点鼻头，说明这个人在认真地听你说话，并且在思考这件事。扭头或者前后左右地来回摇晃，则说明这个人很烦躁，没有心思或者是不想听你说话，对谈话内容不感兴趣。

脑袋倾斜是一种很值得玩味的态度，说明这个人对你的话题很感兴趣，但不一定赞同，不过这总归是一个友好的开端。如果他的身体朝你倾斜，也证明他对你所说的话题非常感兴趣。

耸肩，通常表示了一个人漠不关心、无所谓的态度。有时候，这个动作也表示对方没有说实话，颇有些耀武扬威的意思：我就是没说实话，你能把我怎么着？

双臂交叉横在胸前，这是一种下意识的自我保护动作，说明这个人不信任你，时刻处于戒备状态。

双手握拳或者指节紧扣是很明显的生气动作，有可能是你不小心踩中了对方的“雷区”，这时就要注意你的谈话内容是否有问题了。

皱眉是一种讨厌的信号，代表对方不赞同你的看法。挠头则表明这个人对于如何回答你的问题感到很纠结。

揉搓脸说明这个人有些疲惫，想要赶快结束这场谈话，也有可能是你的问题让他不知道该怎么回答。

手撑在腰部两侧是一种潜意识的戒备行为，意思是：不要靠近我。

7. 解读眼神传递的信息

关键对话技巧

透过一个人的眼神可以捕捉对方的内心世界，窥视对方的心理活动，做出一个大体的判断。所以，在人际交往中一定不要忽视对方眼神的微妙变化，也许某个细节就能决定这场交流的成败。

大思想家孟子在《孟子·离娄上》里用一段话来表述眼睛的重要性：“存乎人者，莫良于眸子。眸子不能掩其恶。胸中正，则眸子了焉；胸中不正，则眸子眊焉。听其言也，观其眸子，人焉廋哉？”

鲁迅先生更是说：“最高的轻蔑是无言，而且连眼珠也不转过去。”

眼睛是心灵的窗户，一个人的心情、喜恶都会通过他的眼睛表现出来，从他的眼神中可以看出他的所思所想，从而对他有一个大致的了解。而且，有研究表明，眼睛是人类五官当中最灵敏的一个，它是各种器官里对刺激反应最强烈、最能帮你加深印象的一个。

所以，眼睛是会说话的，并且说的话不比嘴巴说得少——它有着自己独特的语言，可以让你从中了解到非常多的内涵。因此，学会捕捉对方的眼神在人际交往中有着极为重要的作用。

在一个非常寒冷的冬夜，一位老人孤身站在车站外面。他刚刚从外地赶回家乡，但时间已经很晚了，公交车早就停了，车站又位于郊外，出租车的高昂费用让他望而却步。

天气实在太冷了，老人决心搭一辆车回市里。但是，他并没有着急地拦下经过他身边的第一辆车，而是趁着车主下车接人的时候认真仔细地观察他们。

一连经过了好几辆车，老人都没有出声或招手。

过了一会儿，一位中年男士把车停到老人不远处，等到他接完他的妻子和孩子之后，老人走到他身边，轻声地问道："你好，打扰一下，请问我可以搭你的车回市里吗？"

中年男士看到老人被冻得瑟瑟发抖的样子，与妻子对视一眼，然后微笑着说："当然可以。"

上车之后，中年男士的妻子疑惑地问道："我刚刚和你一起在车站等候的时候，发现你错过了很多辆车没有问，这是为什么呢？"

老人说："那是因为，我在他们的眼神中看不到友善和平和，即使我上前询问也不会得到想要的结果，又何必多此一举呢？"

“那么，你怎么确定我们一定就会答应你呢？”中年男士好奇地接着问道。

“因为你的眼神很柔和，我能感觉到你表达出来的爱和善意，我知道你一定会答应我的。”

中年男士闻言，跟妻子相视一笑：“原来，眼神也可以有这么大的文章，看来以后我们也要重视起来才是。”

由此可见，眼睛可以表达人内心的思想感情，眼神如何，人品就如何——如果一个人的眼神透着正直，那么他就是一个正直的人；如果一个人的眼神透着邪恶，那么他必然不是什么好人。

那么，眼神有哪些含义呢？

如果一个人在与你沟通时左顾右盼，不看着你，那就说明他不重视你，或者不重视这场谈话，不想与你交谈；当对方的双眼睁得非常大时，则是表示惊讶或者害怕；当对方不敢直视你、眼神乱飘时，说明他心里有鬼，或者是被你说中了心事；当对方眼神温柔，平静如水时，表示他此时对你充满了赞赏和深情；当对方死死地瞪着你时，说明他在生气。

那么，怎样才能从对方的眼神中看出他的内心活动呢？可以从以下几方面入手：

一、观察眼睛的眨动

不要小看眨眼的动作，里面大有文章。如果对方的眼睛眨得很快，很可能是在装无辜，以期能够蒙混过关。如果他连眨眼睛，而且睫毛也在震动的话，那就是哭泣的前兆。如果他眨眼的速度很慢，说明他在认真听你说话并且在思考。

二、观察眼睛的角度

当一个人眼角上扬时，无非有以下两种可能：一种是高兴，表示赞赏和同意；另一种就是对方在斜视。

斜视又有两种意思：一是羞怯，想要看却又不好意思直接去看，因为不愿被人发觉，只好偷偷瞟一眼；二是表示轻视、嘲讽，连正眼都懒得给。而一个人如果眼睛往下垂，视线下落，俯视对方，则说明这人怀着轻蔑之意，有意对对方保持自己的威严。这种人一般个性比较任性、自私，不会为别人着想。

三、眼睛的神采

眼神清明的人，内心一定比较端正、单纯，没有什么杂念和小心思；眼神浑浊的人，往往心思不纯正，比较世俗、粗鲁。

第五章

操控心理学：人际交往的艺术

投之以桃，报之以李。知恩图报，善莫大焉。感恩是一种美德，更是一种境界。它应该是自然的情感流露，一定要真诚，不能掺杂任何虚假的东西，不能带着任何功利的目的。

1. 赶走让对方不舒服的感觉

关键对话技巧

与批评相比，人都是喜欢被赞美的——赞美给人希望和喜悦，批评只会让人感觉被泼冷水。所以，说话之道贵在多赞美，少批评。

同一棵果树，有人看到了枝繁叶茂、硕果累累，有人却只能看到树叶上、果实上来回爬行的虫子。

同一个人，给了乞丐一元钱，有人称赞他善良、有爱心，有人却批评他助长了社会上不劳而获的风气。

为什么同样一件事会出现两种截然不同的看法呢？原因在于，有的人懂得用赏识、赞美的眼光去看待别人，而有的人眼中只存在挑剔和指责。

从前有一个一贫如洗、没有工作的年轻人 A 流浪到了巴黎，希望能够从哥哥的朋友 B 那里谋求一份生计，维持自己的生活。

B 见到 A 后，非常慷慨地应下了这件事，帮他寻找合适的工作。B 问 A：“精通数学吗？”

A 听了，羞涩地摇摇头，表示他并不擅长。

B 又问："那么，政治或者历史怎么样？"

A 仍旧摇头，惭愧地说："也不怎么样。"

"那地理呢？"

A 还是羞涩地摇头。

B 看到他连连摇头，只能说："那你先把自己的联系方式留下来吧，我慢慢帮你找，总能找到的。"

A 很不好意思地写下了自己的联系方式，便想转身离开。但是，B 一把拉住了他，赞叹地说："年轻人，你的名字写得真漂亮呀，没想到你还有这样一个很大的优点嘛！"

A 有些不好意思，又有些疑惑地问："名字写得好也算优点吗？"

B 肯定地说："当然了，你把名字写得这么漂亮，说明你的字一定也写得很不错，这样你就能够把文章写得漂亮，令人称赞！"

A 受到了赞美和肯定，于是一点点鼓励自己，不断提升自己的长处，善用自己的优势，在数年后创作出一部家喻户晓的著名作品，成为众人皆知的大作家。他就是大仲马。

每个人在潜意识里都希望得到别人的肯定和赞美，由此及彼，别人也渴望得到你的赞美。赞美使人如沐春风，能够催生出无限的动力。因此，在与人沟通的过程中，应该多赞美，少批评。

我有两个邻居，暂且就叫他们甲和乙吧。甲和乙都是保险推销员，而且能力不相上下。有一天，他们分别签成了两笔保单。

回家后，甲的妻子听说丈夫只签成了两笔保单，冷冷地说："你真是太没用了，一个月就签成了这样两笔保单，这点提成够干吗的！"

甲听了非常不高兴，心想：你一个售票员怎知推销保险是一件多么不容易的事。我辛辛苦苦忙了一天，结果回到家还要被你埋怨。

于是，连着两周他故意空手而归，一是为了让妻子知道自己工作的困难，二是发泄心中的怨气。

再说乙。乙回家后，他的妻子知道他签成了两笔保单，非常高兴，赞叹说："几天时间你就能签成两笔保单，真是太了不起了！"

本来劳累了一天的乙听后精神焕发，心里暖暖的。妻子的赞美激励了他，第二天他一下子签成了四笔保单，夫妻两人欢天喜地的。

不同的态度导致了不同的结果。甲的妻子只能看见丈夫的不足，一味地批评他，致使他心生怨气，自暴自弃。而乙的妻子却善于发掘丈夫的优点，给予赞赏，从而激励他获得了更大的收获。

没有人喜欢被批评，但没有人不喜欢被赞美。

批评有一定的激励效果，但它会带来更大的副作用，让人产生怨气，甚至会让人变得畏畏缩缩，自暴自弃。而赞美可以提高人的积极性，拉近彼此的距离，让对方对你产生好感，更容易赢得信任。

但是，在赞美别人时也要注意以下几点：

一、赞美要适宜

就像过多的批评会使人失去信心一样，频繁的赞美会失去其鼓励意义，使人丧失动力。所以，赞美不能太过频繁。还有，赞美的原因也不能太小，否则会显得你对此一点都不重视，反而起到反效果。

二、秉持真诚的原则

赞美一定要发自内心，恰如其分，不能无中生有，为了赞美而赞美，只有真心实意的赞美才能获得人心。如果你的赞美太过虚无，或者连对方自己都觉得没有必要，那反而会被认为是在嘲讽，反遭轻视。

三、言语要朴实，态度要诚恳

赞美别人时一定要实话实说，简洁明了——如果太言过其实就成了拍马屁，显得很虚伪，让对方觉得你缺乏诚意，是在敷衍。

四、赞美要及时

发现对方的闪光点，就要及时给予表扬，这是赞美效果最好的时候——一旦错过，效果会大打折扣。

尤其是当对方获得成功的时候，一定要趁着对方心情愉悦及时送上一句称赞的话，这样才能给对方留下好印象，为以后的相处铺垫一个好基础。

2. 适度恭维不是拍马屁

关键对话技巧

伸手不打笑脸人，当一个人受到你的恭维后，就会不自觉地喜欢你，努力向你心目中的形象靠拢，以维持自己的形象，变得平易近人、和蔼可亲。在这个基础上，沟通就会顺遂很多，事半功倍。

在人际交往中，恭维别人、说奉承话的人会更受欢迎。这是因为，任何人都喜欢听好话，愿意别人赞美他，而不是揭他的短。恭维话会让他心里很受用，不由自主地心生喜悦。

一家规模很大的高科技企业最近正招聘一名总经理助理，这个职位薪酬高、福利好，而且还有上升空间，因此引来无数应聘者。郑伟经过初试后，成功进入了复试，这一次的面试官是总经理本人。

郑伟是最后一个面试者，等他进来面试的时候，总经理看上去已经很疲倦了，与他交谈的时候也兴趣很淡，没什么大的反应。

一番对答之后，总经理对郑伟的印象还不错，但今天前来应聘的人都是高学历，且是经验丰富、能说会道之人，而郑伟的表现也只是一般水平，这让他一时之间很难做出决定。

郑伟也觉得与总经理的沟通太过寻常，没有亮眼之处，面试时间马上就要结束了，如果就这样离开，必定没有被聘用上的机会。他突然想起在外候场时，前台小姐曾跟他提过，公司的全部设计都出自总经理之手。

郑伟灵机一动，有了办法。他环顾了一下会议室周围，开口道："贵公司的装修设计很是特别，非常气派。"

总经理正无聊地打了一个哈欠，听到郑伟这么说，就抬起头来问道："是吗？怎么个特别法？哪里气派了？"

郑伟回答："公司的装潢十分漂亮，办公桌椅用的都是上好的实木，显得大气而又庄重。而且，设计者十分别出心裁，很会运用空间设计，把各个隐藏的角落都利用了起来，把原本不大的地方变得非常宽阔。此外，光线的设计也非常好，顾及到了职员的视力。这样看来，这位设计者一定是一位非常有才华的人。"

总经理听了非常高兴，当场宣布郑伟被录用了。

可以说，郑伟能够被录用的原因，很大程度上并不在于他的专业水平怎么样，而在于他会说话，以恰当的方式恭维了总经理。郑伟之所以懂得装修设计，是因为他父亲是做这一行的，耳濡目染之下他也略懂皮毛。

郑伟在感到自己并不出彩后，适时改变了策略，采取恰当的方式恭维了总经理，不仅使沟通更加融洽了，也让总经理心情愉悦，增添了对他的好感，最终达到了被录用的目的。

喜欢听恭维话，这是人之常情。每个人在内心深处都渴望得到别人的肯定和尊重，恭维正好满足了人们的这种心理需求——而恭维话不仅能让对方开心，对自己也很有帮助。

在与人交流的时候，经常会出现对方不感兴趣，或者听不进去你的意见的时候，这时沟通就会受到阻碍。如果你还一味地动之以情、晓之以理，只会徒增对方的厌烦。但是，这时说上几句恰当的恭维话，就可以扭转局面。

我曾经合作过的一家公司的办公室主任生性比较孤傲，不好相处，一般人求他办事或者跟他商讨事情，经常会无功而返。

一位外地经销商想要向主任寻求帮助，但他早就对主任的脾气有所了解，所以一见到主任的面，他并不像其他人一样以情动人，诉说自己的难处，以期得到怜悯，而是笑着递过去一支烟，说："我早就听人家说主任是一位非常善良而且特别磊落、爽快的人，办事认真、负责，心肠柔软，最见不得别人受苦了。他们还说，主任对外地经销商尤其照顾，答应的事一定会办到。我一听特别高兴，有这样的领导是我们的福气呀！”

主任听后，表情逐渐松动，露出了笑容，不再是一副拒人于千里之外的样子，并且很爽快地答应了这位外地经销商的请求。

这位外地经销商得知主任的脾气，不再打“产品卖惨”的同情牌，而是另辟蹊径，用几句恭维话让沟通变得顺畅，达到了目的。

很多人自诩为人正派，不屑去恭维别人，其实他们并没有真正理解恭维的精髓——恭维并不等于溜须拍马、阿谀奉承，而是一种赞美，意味着你对他人的欣赏和肯定。所以，你不必顾忌自己的面子，这并不是什么丢脸的事。

但是，恭维也要适当，得有一个度。如果你把对方捧得天上有地上无的，他自己都不相信，那有什么用?

所以，恭维要实事求是，不能无中生有。虽然人人都喜欢听恭维话，但并不是所有的恭维话都喜欢听，只有基于事实、发自内心的恭维才能引起对方的好感。如果过度追捧，硬把傻子说成天才，会让人家觉得你是在讽刺他，从而把你当成小人。

此外，恭维要适可而止。

恭维只是一种转变式的沟通方式，方便你更好地与对方交流的说话方式——若是一味地恭维，不及时进入正题，便失去了它应有的意义。

3. 批评对事不对人，对方才能更容易接受

关键对话技巧

批评别人时应该客观描述事实，就事情本身进行分析，而不应对其人格进行批判和伤害，对其本身妄下评断。

人非完人，总有犯错的时候。当别人犯了错时，应当做到对事不对人，指出其所做的错误行为，而不要逮着犯错者一顿批评，说些什么“这么简单的事情你都做不好”“你怎么不长记性”“你太差了”之类伤害对方自尊的话。

人最看重自己的自尊，任何人都无法忍受被人指责和批评，尤其是在工作上因为没有做好而受到责备时，他们会认为尊严受到了损害，会感到难过、犹豫甚至是愤怒。

特别是对那些敏感、好强的人来说，往往会把被批评当作一件很受伤的事，感到羞愧，从而对批评者或者导致其出现过失的事产生反感，要么变得叛逆，要么变得做事畏手畏脚。

如果对人不对事，对方觉得自己的人格受到了侮辱，就会奋起反抗，把事情闹大，继而引起争吵，致使问题无法得到妥善的解决。

我们要明白，批评是为了让对方认识到自己的错误，从而进行改

正，激励其更加奋发向上，而不是强调其本身的过失。所以，在批评别人的时候，批评的应该是事，而不是人。

那么，什么是对事不对人呢？

西方文化大师伏尔泰说过一句非常经典的话："虽然我不同意你说的每一句话，但我誓死捍卫你说话的权利。"这就叫对事不对人。也就是说，你可以不喜欢或者讨厌一个人，但你一定要对这个人保持尊重，因为人生而平等，在人格上都是平等的。

对方犯了错，即使你很讨厌他，即使他的品行或者态度非常差，你也要有最起码的尊重——就事论事，不要对他品头论足。

就事论事，不针对人进行批评，在工作中有很大的积极作用。

同学刘超是某公司的销售代表，有一次不小心在工作上犯了一个很大的错误，不仅带来了很多麻烦，还导致公司损失惨重。

老板把刘超叫到办公室，骂了个狗血淋头，一副要吃了他的样子。但是，老板从头到尾都是在就事论事，跟他分析错误，没有进行人身攻击。

第二天上班的时候，刘超在楼下遇到老板，本想躲着走，但老板却主动跟他打招呼，态度也很亲和，还关切地问他感觉怎么样，鼓励他打起精神，一点没有昨天那种怒火滔天的样子。

刘超感到既羞愧又疑惑，迟疑地问道："老板，因为我的不小心导致公司损失了这么多，您昨天还那么生气，今天怎么对我又这么亲和呀？"

老板听了，笑笑说："你的确是在工作上不认真，出现了失误。但是，我已经就这件事批评过你了，那都是工作上的事。现在还没到上班时间，生活中你又没有得罪我，我为什么要给你脸色看呢？”

经过这件事，刘超仿佛换了个人似的，每天工作特别有干劲，也变得更加细心谨慎了。慢慢地，他的工作效率大大提高，与老板的关系也越来越融洽了。

这就是对事不对人的好处。如果老板在这件事中否定了刘超的工作能力，批评他本人，并因此为难他、不给他好脸色，又怎么会得到这样一位好职员呢？

批评的根本目的不是抑制犯错、完全否定对方，因为犯错是每个人都不可避免的——我们要做的是让对方意识到错误，从而去改正。

所以，在批评对方的时候，应该明确告诉对方：你只是在针对他的错误行为进行批评，并没有否定他的意思，只要他认真改正，这并不影响他在你心中的形象。

人在犯了错误之后，本来就会产生心理负担，而就事论事的批评能够缓解对方内心的压力，更加容易让人接受。具体来说，对事不对人的批评有这样三个好处：

一、对事不对人的批评，有助于对方进行正确的思考，把自己的思路集中在如何处理这件事上，而不是忧虑自己的处境，从而及时解决问题。

二、对事不对人的批评，能够体现批评者（你）的体谅和鼓励，让被批评者见识到你的素养和内涵，塑造你的威信，赢得对方的尊重。

三、对事不对人的批评，可以很好地引导对方找到处理问题的思路，提高他解决问题的能力，并且能够给他留下深刻的印象，杜绝再犯相同的错误。

4. “示弱”的小心机

关键对话技巧

真诚的力量是不可估量的，假如你犯了很大的错误，只要不是严重到无法挽回、真的无法原谅，那么，只要你怀着真诚的态度诚恳地向对方道歉，就一定能够得到对方的谅解。

小杜和小孟是一家公司销售部门的同事，两个人的能力出众，业绩都非常出色，是公司里必不可少的人才，同样也是竞争对手。

上个月，部门经理因病辞职了，他的职位就空缺了下来。但领导并不打算从外面聘请别人，而是想要提拔公司的内部职员，因此，小杜和小孟他们两个成了最热门的人选。

小杜的家庭条件较小孟来说差一些，因为他出身农村，靠自己的打拼走到今天，自尊心很强，非常在意自己能否受到肯定。而且，最近他的感情生活也稳定了下来，已经开始谈婚论嫁。但女方要求他必须有车有房，如果他能够升职为部门经理，也就代表着他的薪水会上升很多，压力就会减轻不少。

所以，对于这个职位的角逐，小杜非常努力地去争取，并且要势在必得。但是，小孟的能力和努力并不逊色于自己，如何才能打败他呢？于是，小杜就整日打探小孟的消息，尤其是负面消息。

有一天，小杜不知从哪里听说小孟生活作风不太好，一个女孩子因为他怀孕了，他却不愿意娶人家，还逼着人家打胎。于是，他就把这件事宣扬了出去，还大肆渲染了一番。

高层领导听说这件事后，果然对小孟的印象差了很多，最后小杜成功地被升为部门经理。就在这件事愈演愈烈的时候，有人说出了真相，说这一切都是无中生有，是一场误会，而故事被张冠李戴了，那个负心渣男并不是小孟。

但是，小孟却受到了很大的影响，尤其是公司的女同事，一看见他就恨不得对他又打又骂一番。

小杜知道真相后感到很愧疚，他当时被升迁冲昏了头脑，不知怎么就做出了这种小人行径，现在非常后悔。于是，他当着大家的面非常诚恳地向小孟道了歉，并且主动向领导承认是自己传播谣言的，并且愿意把职位让出来。

小孟见此，非常大度地原谅了小杜，两人从此成了好朋友，共同努力为公司创造了一个又一个辉煌的业绩。

做了对不起别人的事，自然会感到内疚，就想求得对方的谅解。但是，如何道歉才能得到对方的谅解，却要看道歉者的诚意。道歉者如果能够主动道歉，并且态度诚恳，那么对方自然也就不会得理不饶人，从而化干戈为玉帛。

徐兵最近刚刚找到一份某品牌家电销售的工作，他工作非常积极和热情，老板与同事都很喜欢他。

这一天，一位顾客到店里来，想要购买一台冰箱。

在经过一段时间的沟通后，徐兵成功地说服了顾客购买他们店里的冰箱。但是，他一时间忘记调回优惠活动结束后的价格，糊里糊涂地以活动价格 3500 元把它卖了出去。

事后，徐兵得知那台冰箱售价 4500 元，他整整少收了 1000 元。同事们得知此事后都帮他出主意，让他自己先偷偷把那 1000 元垫上，别让老板知道，然后再想办法看能否向顾客要回。

但是，徐兵并不打算那样做，他觉得错了就是错了，应该坦诚自己的错误，去向老板道歉并赔偿差价，怎么能隐瞒不报呢？同事们纷纷劝阻他，认为这样做老板一定会生气的，他有可能还会失去这份工作。但是，徐兵坚持自己的想法。

当天，徐兵到银行取出 1000 元，来到老板的办公室。他非常诚恳地说："李总，非常对不起，因为我的疏忽使得店里遭到损失，我感到非常抱歉。这是销售那台冰箱的补偿款 1000 元，请您收下。"然后他深深鞠了一个躬，转身离开了。

当他走到办公室门口时，老板叫住了他："你就这样走了吗？"

徐兵听了，以为老板觉得自己不够诚恳，不肯原谅自己，又真诚地说道："李总，我已经尽了最大的努力来弥补这件事了。我知道您一定很生气，但我不知道还能做些什么，如果你还不够解气的话，说出要求来，我一定照做。"

老板并没有要辞掉徐兵的意思，徐兵能够承认错误就已经很坦诚了，后来的行为更是非常诚恳，让他十分感动。他知道，徐兵完全可以瞒着自己，但他没有，这足以证明他是一个非常真诚、有担当的人。于是，老板越来越看重他。

有的人犯了错误之后，出于害怕承担后果或者为了维护自己的尊严，想方设法地逃避和狡辩——但这并不能帮你解决问题，反而会增加你的负面影响，让事态恶化。

不要把对方想得太过凶神恶煞，只要你主动道歉，承认自己的错误，很可能就会获得他人的谅解。但是，你的道歉一定要真诚，如果你不痛不痒地说一句对不起，对方当时可能会原谅你，但过后心里还是会不舒服的。只有真诚地表达歉意，让对方看到你的诚意，他才会从心里原谅你。

曾经在大街上看到过这样一幕：几个人在排队买冷饮，其中一个人因为挎着一个很大的包，转身时撞到了另一个人，把对方的冷饮打翻在地，还把自己的包和对方的衣服弄湿了。

被撞的人刚要发火，撞人的那个人连忙从包里取出纸巾递给对方，道歉说："对不起，刚才真的是我不小心，赶紧擦擦吧，太对不起了。"说完，又把自己手里的冷饮递给了对方："你喝我这个吧，我还没有动过。"

撞人者的道歉非常诚恳，被撞者本来还想骂他两句，看到他这么真诚，也不好意思再说什么了。两个人一起把身上的水渍擦干，被撞者才发现对方只顾着帮自己处理，他的包还滴着水，觉得非常感动。

后来，两个人互相交换了联系方式，有说有笑的一起离开了。

每个人都讨厌那种一出事就推卸责任的人，认为他们没有担当、爱找借口——即使他说的是客观事实，也会给人留下不好的印象。所以，在遇到这种情况时，我们不如大方地承认自己的问题，并想办法弥补损失，这才是社交之道。

5. 不说会带来霉运的口头禅

关键对话技巧

每个人都有一两句特别爱说的话，甚至有些人说的每一句话里都有口头禅。有的口头禅听起来很搞笑，还让人觉得有点可爱。不过，有的口头禅就没那么容易被人接受了，比如脏话或负面情绪过重的话。

每个人都有一两句特别爱说的话，甚至有些人说的每一句话里都有口头禅。

如果你注意过别人的口头禅，就会发现大家的口头禅真是千奇百怪，有的听着很无厘头，就比如我的一句口头禅是："你知道吗？你都不知道……"起初，我并没有发觉这句话哪里有问题，直到朋友一脸无奈地对我说："你连问题都没有说，我怎么可能知道呢？"

有的口头禅听起来很搞笑，比如"宝宝心里苦，但是宝宝不说"，很多女孩都喜欢说这句话，听起来还觉得有点可爱。不过，有的口头禅就没那么容易被人接受了，比如脏话或负面情绪过重的话。

其实，在你对他人的口头禅进行评价的时候，也是对他本人进行分析和打分——他的口头禅缺乏逻辑，那他的思维能力估计不强；他的口头禅真好玩，那他应该是个有趣的人；他的口头禅很消极，那估计受过什么刺激，我还是离他远一点吧……

口头禅是我们在无意识的情况下脱口而出的话，很可能当别人反问你“你怎么总说这句话”时，你会一脸迷茫地说：“我不知道呀，我刚才都没反应过来就说了这句话。”

可见，口头禅也是人们心理上的一种反射，它能够直接反映出一个人的性格、状态，乃至心情。

下面就来看一看，哪些口头禅会给我们带来负面影响：

一、让人摸不清头脑的口头禅：不是

你的身边有没有这样的人，他总是将“不是，不是”挂在嘴边？这句口头禅让人听着既觉得有意思，又常常感到疑惑：“这也不是、那也不是，那你到底想表达什么呀？”

我的一位同学汪芯就有这样一句口头禅。

那天下班后，我跟几个老同学一起聚餐，在饭桌上，大家都聊起自己的近况。汪芯闷闷不乐地说：“我最近可不顺了，这个月做的三个策划方案都被 pass 了。”

“为什么啊？”我问。

我刚说完，李彤就开玩笑地说：“还用问呀，肯定是她又没做市场调研。”

汪芯在一家市场调研公司上班，前段时间因为她没做好调研工作，把客户的新产品反馈数据弄错了，上司发现后当即把她痛骂了一顿，说她明明是这行的老人了，怎么还能犯这种低级错误。

这件事本来也是汪芯有错在先，可她性格要强，听上司这么说心里很不爽，当即解释说：“不是，那天我把整理调查问卷的工作交给小燕了。”

“那调查问卷抽样的时候你就没看出来？”

汪芯又赶紧说：“不是，我……”

不等汪芯说完，上司就挥挥手叫她回去工作了，还说她现在最应该做的不是解释，是反思，并让她马上再整理一份报告出来。

李彤一直都不太喜欢汪芯，总觉得她凡事都喜欢找借口，所以她一出什么错，就想打击她一下。

听李彤又提起旧事，汪芯不耐烦地说：“什么呀，根本就不是，我哪知道为什么？反正该做的工作我都做了，我觉得自己比同事做的强多了，可就是没用我的。”

“那还是你自己的问题。”李彤翻了个白眼，阴阳怪气地说。

“不是。你们什么都不知道，几天前我们公司推广一款新护肤品，一开始做提案的时候根本没说这件事，等我知道的时候我的提案都做完了。就那么几天时间，我怎么可能改完？”

“那你不是做了三个提案吗？总不能都是因为……”

“不是，你能不能听我说完啊？”

我看她们两人针尖对麦芒的阵仗，赶紧把话题岔开了，说起我们的一位学姐马上要结婚了。我刚提起话茬儿，汪芯又接话道：“什么呀，根本就不是。你听谁说的，那天琳姐还跟我说她要考验考验她男朋友呢……”

被汪芯反驳几次以后，我也没了兴趣，谎说还有点事要走了。

见我要走，李彤也拿起包说跟我一块回去。出了餐厅，李彤轻哼一声，说：“你现在知道我为什么讨厌她了吗？什么都不是、不是的，还让不让别人说话了。”

其实，汪芯人挺好的，但是她太固执己见，这一点从她的口头禅里就能看出来，也难怪李彤会讨厌她了。

常常把“不是”挂在嘴边的人，大多性格执拗、喜欢坚持自己的意见，尤其是对方与自己意见不统一时，他们的大脑会自动启动“搜索引擎”，找出反驳对方的证据或答案。

这样性格的人，相对来说更有领导能力和决策能力，但是，如果一味地固执己见，不采取他人的建议，就会故步自封。同时，“不是”这句口头禅也会让人觉得：“哦，凭什么他说什么就是什么，我说的就被反驳？跟他说话实在是太累了。”

如果你的口头禅也是“不是”，不妨努力纠正一下，避免给人一种态度过于强硬的感觉，适当地示弱反而能获得他人的好感；如果你的身边也有常说“不是”的人，在与这样的人交往时，就要适度地保留自己的意见，否则在对方说“不是”之后，你就会饱尝失落的滋味。

当然，很多时候说“不是”的人也会出现错误，这时你要帮他分析问题，找到正确的答案或解决方法。切不可像李彤一样，跟汪芯针锋相对，非要让对方察觉到自己的错误——李彤不喜欢汪芯，焉知汪芯也讨厌李彤呢？

二、不行，我真的不行

有句话是这样说的：成就你的不是上帝，而是性格。

心理学家将性格分为 72 种，比如传统、安静、自私、愚钝、机敏等，而且人类的性格并不是单一的，而是具有多面性。在现实生活中，很多人会乐于表现出聪明、宽容、安静等积极面的性格，而一些消极面的性格则不愿展示于众。

虽然如此，但当在特定的环境或情景下，他们还是会不由自主地展现出自己的消极性格——比如口头禅是“不行，我不行”的人，他们的消极性格就是自卑、怯弱。严重自卑的人，当别人建议他做任何事时，他都会脱口而出：“不、不，我不行。”

这是因为，他们从心底认定自己一定做不好某件事——即使自己拥有这方面的能力或天赋。

与这样的人交往时，我们要多对他说“你可以的”，切不可肆意打击他，否则就会在无形之中增加他的心理负担，还会让他对你产生怨恨、仇视、嫉妒等情绪。有道是：多个朋友多条路，少个敌人少堵墙。在这个以社交为重的社会中，获得别人的好感、支持十分重要。

三、骗人的吧

通常，我们在看到《电视购物》频道时，都会一脸不屑地说：“都是骗人的！”

的确，商家为了可以更好地销售产品，往往会夸大产品的质量和功效，甚至有些不良商家会滥竽充数——拍真实的广告，卖没有效果的产品。尤其是在电视购物盛行的那段时间里，不少人都经历了“白花钱”的教训。于是，我们再看到类似的广告时，也会满腹狐疑：“骗人的吧？”同时，心里也悄悄认定——哦，其实就是骗人的。不过，在其他事物上，我们却能以客观的角度去审视问题。

但是，有的人口头禅就是“骗人的吧”，这很可能是因为他们曾经有过被骗的经历，从而一朝被蛇咬十年怕井绳，对绝大多数事物都抱着怀疑的态度，并自认为“我这是警惕性高”。

事实上，这并不是警惕性高，而是过于谨慎、不信任他人的表现。与这样的人交往时，首先要真诚，让对方感受到你并没有欺骗他。只有这样，你们才有更进一步的沟通和交往。

如果这句话就是你的口头禅，那么，你要学会克制自己，不可对每一件事都持有怀疑的态度。试想，若《三国演义》里的曹操没有因过于谨慎而放弃华佗提出的治疗方案，那他的头疼病早就治愈了。可见，过分的谨慎、警惕有时反而会令我们得不偿失。

6. 懂得感恩的人，人际关系不会差

关键对话技巧

投之以桃，报之以李。感恩是一种美德，更是一种境界。它应该是自然的情感流露，一定要真诚，不能掺杂任何虚假的东西，不能带着任何功利的目的。

老话说“受人滴水之恩，当以涌泉相报”，一个人生活在社会这个大舞台上，总有求到别人的时候，而别人对你的帮助并不是应该的，所以助人为乐是美德，并不是义务。那么，在得到别人的帮助后你就应该及时表示感谢，不能对此无动于衷。

但是，现实中很多人容易忽略别人的帮助，认为这种举手之劳不足挂齿，连一句谢谢也懒得说。更有甚者，不仅不感谢，还会对人家产生抱怨。

日常生活中，我们经常会遇到这一类人，明明别人好心帮了你的忙，你却还抱怨人家多管闲事，或者事情做得不够好。诸如：“哎呀，我明明都跟你说了，这份调查报告是要交给销售部的小李，你怎么交给小王了？小王做事一点也不上心。”

“你怎么也不问问我呀！我在外面吃过了，你还给我带饭，这不是浪费吗？”

“我让你在上班之前呼叫我，现在才几点呀，起那么早干吗？”

这些人仿佛别人欠了他们多大债似的，帮助他们成了天经地义的事——不仅要帮助他们，还要帮得他们称心如意才行。而他们永远看不见别人的付出，却总把别人的失误挂在嘴边。

这就是典型的不会说话、不懂感恩的人。而且，这种人的人际关系往往都不融洽，他们的身边没有真心朋友，有心想与他们结交或者搞好关系的人，都会在了解他们的真面目后选择离开。

这些人其实并不坏，也并非那种忘恩负义的白眼狼，只是性子太直，不会说话，而且凡事都只会看到对自己不利的那一面。重要的是，他们不会为人处世，在与人沟通的时候常常说话不经大脑，讨人嫌。

你要想拥有说话的智慧，就不能斤斤计较，而要学会感恩，时常把“谢谢”挂在嘴边。这不仅是一个人的基本素养，还是你会说话、口才好的体现，能够拉近你与别人的距离，增强你的人际关系。

其实，如果你能静下心来想一想，就会发现自己走过的每一步，都是在别人的帮助下度过的——每个人都有恩于自己：父母对我们有养育之恩；老师对我们有教育之恩；领导对我们有提携之恩；同事、朋友对我们有协助之恩。

所以，当同事帮你买了一份早餐时，应该适时地表示：“有你真好。”当领导发现你的才华，给你施展的机会时，你一定要怀着感恩之心感谢他：“多谢领导的赏识，我一定会更加努力。”

有这样两个人，他们是非常要好的同事，共同住在公司安排的宿舍里。有一天，他们为了谁去倒垃圾发生争吵，甲说上次就是自己倒的，这次该乙了；乙说垃圾都是甲制造的，应该他去倒。

本来这是一件小事，却由于两人互不相让而愈演愈烈，吵得不可开交，最终甲踢了乙一下。被踢的乙觉得非常伤心，于是他就跑到卫生间，用水在镜子上把这件事写了下来：“今天，我的好朋友踢了我一脚。”

这个小插曲很快就被他们遗忘了，不久后他们就和好了。

几天后，乙所在小组负责的一个方案出现了失误，导致公司亏损了很大一笔钱。同组的人都不承认是自己的原因，最后统一口径说是乙的报表交得太晚才导致出现了这个问题，把责任都推到了他身上。

乙感到很生气，也很委屈，他向领导解释，但没人愿意听他的，几乎所有人都认为是他的错。但是，甲却始终相信他，帮他查找原因，并想办法弥补漏洞，要挽救这个方案造成的损失。

两人经过多天的努力，终于成功挽回局面，并洗清了乙的冤屈。乙既高兴又激动，于是找来一块小木板粘在墙上，又拿了一把小刀在木板上刻下：“今天，我的好朋友帮助我解决了一个大困难。”

甲看到乙的行为后感到很奇怪，就问他：“你为什么不把我帮了你忙的事，跟我踢了你一脚的事一样用水写在镜子上，而是要刻在木板上呢？”

乙解释道：“你是我最好的朋友，当你对我做了什么不好的事，或者有什么误会时，我就会把这些事用水写在镜子这种不会留下痕迹的地方，这样时间一长水就干了，我也就忘记了。

“而当你对我有恩，帮了我的大忙，或者对我非常好的时候，我就把它刻在木板这种不容易消失的地方，即使风吹雨打始终留有印记，我会永远铭记。”

在与人交往的时候，懂得以感恩之心相待，才会拥有积极的人生观，成为一个沟通高手。

7. 人都会犯错误，要勇于接受别人的批评

关键对话技巧

不要小看别人的建议与批评，它就像一剂良药，能使你防微杜渐、悬崖勒马。勇于接受批评能够让你成长，不断充实自己，指引你更好地前进。

俗话说“金无足赤，人无完人”，世界上没有不犯错误的人，犯了错误并不可怕——可怕的是犯错之后遮遮掩掩，不听别人的劝告。

有很多人不爱听别人的建议和批评，不喜欢受人约束，但你必须意识到，这对你的成长是很有帮助的。

“兼听则明，偏信则暗”，只遵从自己的想法不一定是正确的，

集思广益才能最大限度地避免错误的发生。

曾宇和文浩是广告公司设计部门的两位骨干，分别是两个设计小组的组长。他俩的能力各有千秋，在业绩上也平分秋色，在公司里非常受重用。

也正因如此，曾宇和文浩的关系一直不太好，他俩把彼此视为竞争对手，每一个文案都互相较劲，力求自己的设计要比对方好。

曾宇团队里的成员都是名校高才生，能力强，技术好，总体上来说要比文浩的团队强很多。但是，曾宇为人比较自傲、自大，刚愎自用，不把别人放在眼里，犯了错也不允许别人批评。

在曾宇的团队里，有一个是他的老同学阿城，两人从一毕业就一起奋斗，关系比较好。而且，阿城为人比较厚道，一心工作还不争不抢，把曾宇当兄弟看待，从不跟他抢功劳，荣誉都被他揽去也从不计较。

但就是这样一个一心为曾宇好的朋友，曾宇也看不起、不相信人家，总觉得自己的想法比对方的强——只要对方的设计不合自己的意就必须修改，改到他满意为止，否则这个创意就不给通过。

时间一长，阿城便对曾宇失望了，渐渐地，也不再帮他了。直到有一次，两人又为了一个小细节吵了起来，严格来说是曾宇单方面地发脾气，阿城只是默默听着。

曾宇当着全部门那么多人的面说他：“你有什么资格教训我，要不是我，你能有今天？你看看你设计的都是什么玩意儿，有一个能拿得出手吗？你凭什么说我的想法有错误？”

阿城对他彻底失望，最后直接辞职走人了。

就连关系如此之好的老同学都忍受不了曾宇的自大，更别提其他成员了。到了后来，曾宇的团队已经名存实亡，根本没人愿意跟他在一组给他打下手。

反观文浩，为人和善，对谁都是一团和气，而且从不摆架子，自己不懂的地方还会不耻下问，犯了错也不怕别人说出来，反而会乐呵呵地接受，并且及时改正。他对那些敢指出他错误的成员会大加赞赏，鼓励他们多多监督自己。

最后的结果，当然是文浩越来越得到重用，他的团队业绩越做越好，升职加薪不在话下。

“良药苦口利于病，忠言逆耳利于行”，一个人要想进步，不能只听赞美的话，而必须学会接受别人的批评。这就像一棵小树要想成长为参天大树，除了阳光的照耀、雨水的温润，更需要风霜的洗礼——磨难才能够使它更加坚韧，更加顽强。

有些职员自恃过高，认为自己能力出众，从不接受同事和领导的意见，对批评更是不屑一顾，但这往往会导致他们在工作上出现失误。所以，对于领导的批评，一定要勇于接受，并且认真反思，及时纠正。

每个人都有强烈的自尊心，所以职员都只想得到上级的肯定和认同，这是人之常情。但是，批评要比赞美更能使人进步，它能让你认识到自己的不足，避免自我膨胀，更快地成长。

不仅仅是职员要学会接受别人的建议，领导更应如此。很多领导因为处于上位，听了太多的赞扬和奉承，就渐渐开始迷失，觉得自己哪里都完美，挑不出一点毛病，从而只愿听恭维话，不愿听谏言。甚至，有些领导认为别人向他提建议是在跟他过不去，一听见别人的建议就觉得丢面子，并因此而发怒。

在与亲人、朋友的相处中，也应当勇于接受批评和建议。这说明对方关心你、重视你，你应该感谢他们。这样的家人才是值得守护的，这样的朋友才是值得相处的。

别人指责你时，若是说对了，你应该感谢他指出了你的不足；若是说错了，你也应该包容他。

对于别人的批评和建议，不必计较，也不必争论。“有则改之，无则加勉”，这样你才能不断成长，不断进步。

第六章

职场沟通学：机会总被会说话的人抢走

工作中对待领导一定要尊重，不要敷衍、不要对抗，更不能奉承。少些庸俗的想法，端正态度，尊重领导，就能建立和谐的上下级关系，得到领导的赏识和更多的发展机会。

1. 不会说话，你怎么带团队

关键对话技巧

真话无价，但也难得。管理者要有意识地矫正团队的不良风气，创造说真话的氛围，鼓励职员畅所欲言，批评那些说假话取悦领导的行为。管理者只有想方设法将职员的“真心话”掏出来，才能实现有效沟通，让企业健康成长。

有人说，职场是不见刀刃的江湖，要想有一席立足之地，就要参透“有效沟通”这本武林秘籍。很多职场新人为了不得罪同事、领导，会特意去买口才书来学习——殊不知，即使是混迹江湖多年的领导，也有不会说话的时候。

不少上司都犯过这样的错误，针对业绩较差的职员，常常警告他们提高业绩。但是，业绩下滑或低迷都是有原因的——如果不从根源入手，你的批评根本起不到作用。

来看下面的情景：

上司A：你是怎么做事的？这个月的业绩比上个月少了一半，你还想不想干了？不想干的话，趁早走人！

职员 A：对不起，我会尽快调整好自己。

内心 OS：早就忍你很久了，等这个月发了年终奖，用不着你开除我，我自己走！

上司 B：最近辛苦了。刚才我看了你的工作报表，你能详细说说吗？

职员 B：我感到很抱歉。前段时间，我奶奶旧病复发，我经常到医院照顾她，这才影响了工作进度。

内心 OS：上司这么体谅我，等这段时间调整过来，一定要让他看到我的成绩。

想必绝大多数人都想遇到 B 上司 / 职员吧？同样的情况，却因为说法大相径庭，得到了职员两种完全不同的反应。由此可见，“有效沟通”不是传递命令和想法，而是让对方提高工作效率。

想要实现“有效沟通”，就要求沟通双方坦诚相待，也就是说，你要让职员说真话——职员的真话不一定是真知灼见，但一定是肺腑之言。

比尔 · 盖茨允许公司职员畅所欲言，随意发表自己对公司的缺点和存在问题的看法。他说：“如果人人都能提出建议，就说明人人都在关心公司，公司才会有前途。”

一家缺乏实话、信任的公司，从根基上来说就是不稳定的。这会让公司失去活力、死气沉沉，阻碍有才能的职员进取和创新，使上司和职员间产生隔阂，最后大家就会产生 A 上司 / 职员的想法。

因此，一家公司要想蓬勃发展，首先就要让职员说真话。

美国有家机构曾经对超过 10 万名职场人员进行调查访问。结果表明，大约三分之一的职员在工作过程中选择不说真话或者沉默。这是因为，有很多企业口头上说希望职员能实话实说，却只喜欢听好话，容不下不同的声音。

于是，职员便只能故作“坦诚”，揣摩老板的心思，说一些老板希望听到的话——而对于内心真正的想法或者公司存在的问题，则会不痛不痒地一笔带过。

这样一来，公司领导看不见自己的缺陷，沾沾自喜于一些微小的成就，放任问题越来越恶化，最终只能走上倒闭之路。

当然，除了老板的问题以外，不少职员不愿或者不敢说真话。而他们之所以不愿开诚布公地发表自己的言论，把自己的想法保留下来，是因为他们怕成为异类、得罪别人，受到伤害。

要知道“忠言逆耳”，真话有时候往往是不中听的，要冒着风险说。诉说的对象往往会因此而感到难堪、羞愧，甚至恼羞成怒地进行反击，给自己带来看得见或看不见的伤害。所以，大家都默契地选择避而不谈，以免引起别人的反感。

那么，领导如何做才能鼓励职员说真话呢？

一、主动倾听，态度要重视

有很多职员不是不愿说真话，而是曾经因为实话实说不被采纳，甚至受到过打击，所以觉得说了也没用，于是发现问题也沉默不语。身为领导，应该主动向职员寻求意见，让职员感受到被认可，从而敢于说真话、乐于说真话。

二、提供一个说真话的平台

对于那些过于自卑、脸皮薄的职员来说，他们不擅长当众说话，觉得自己的真话太过浅显，说出来会被人嘲笑。身为领导，应该提供一个可以让他们说真话并且不被轻视的平台，保护他们的尊严。比如，设立一个意见箱之类的。

三、设置奖惩制度

有些职员是随波逐流的人，他们会这样想：别人都不说真话，自己又何必出风头，成为同事眼中的异类呢？

领导可以设立丰厚的奖励，鼓励说真话的职员；还可以出台惩罚措施，严惩那些知情不报、虚与委蛇的人。这样一来，物质奖励会打动他们，惩罚制度也能震慑到他们。双管齐下，自然能激发人说真话。

四、适当示弱

有些职员不愿说真话是因为太过依赖领导，觉得有领导在，万事放心，有些事就算不说领导也一定会知道，犯不着操这份心。这时，领导也可以偶尔显示一下自己的弱点，以情动人，告诉他们：自己不是万能的，也需要帮助。

五、适当授权

部分职员不想说真话，是因为他们对这份工作不够热爱，懒得讲。这时就应该授予他们独立做主的权力，调动他们的工作积极性，唤起他们的工作热情。

2. 你觉得累，是因为不懂放权

关键对话技巧

越有能力的人越是不愿意受到约束，如果你一直对他指手画脚，不仅会影响工作的进度，还会影响双方的关系。而授权能够让他感到你的重视和信任，极大地提高他的热情，让他工作时变得更加有活力。

很多领导在工作中事无巨细，什么事都要亲自过问，他们自认为经验丰富，处理起问题来要比下属有效率——殊不知，这样做往往会拖慢进度，有时还会捡了芝麻丢了西瓜。

身为高层领导，应该做的就是充分调动职员的能力，做好决策与调控。如果把大把的时间都浪费在小事上，只会耽误大事，得不偿失。

去年，在一次房地产营销活动中，我碰到了学长崔阳，这才知道他开了一家金融公司。

我见他眼下乌青，形容憔悴，就问他是不是工作太累了。崔阳叹了口气，跟我说起他创业的初衷。

以前，崔阳当职员的时候，觉得老板能睡到自然醒，布置好工作就让下属去执行，然后有大把的时间去享受生活。而自己呢，每天早起晚睡，为了一个签单东奔西跑，还拿着与付出不成正比的工资，于是他就起了创业的念头。

可等到他创业成功后，才发现最累的还是自己——

公司的大小事务，他几乎都要亲力亲为。他说，公司有几个员工是应届生，不盯着他们工作总不放心，万一哪里出了差错，想补救都补救不了；他对新招的会计也不是很信任，每个月的财务报表都要亲自核对一遍；就连公司买多少办公用品，他都要过问一二。

之前跟了他三年的主管申请辞职，说自己在其位不能谋其政，请他批准。他气得火冒三丈，觉得这个人太有野心，当即批准了主管的辞职申请。

听到这儿，我心里不由得替这位主管鸣不平。他虽然是主管，但无论做什么决定都要先向老板汇报；在公司工作三年，他的能力、人品都没得到老板的认可——换作是我，我也不会继续待在这家公司。

我劝崔阳多给职员一些机会和权力，那些琐事、小事就交给下属去处理。可崔阳却说，他不放心，生怕自己哪儿没留意到就出了岔子。

“怪不得你那么累。”我感叹了一句。

改变崔阳这种想法是在半年后。有一次，他在公司看文件，突然觉得耳朵嗡鸣，眼睛昏花，头疼不已。过了好一会儿，这种不适感才渐渐消退。

起初，崔阳并不在意，觉得是睡眠不好导致的。可半个多月后，这种情况又发生了，他这才去医院进行了检查。

医生告诉他，这些不适感是机体过度疲劳造成的，如果他再不注意保养，就会引发心脑血管疾病。比起公司运营，还是身体健康最重要，于是，崔阳决定给自己放个长假，跟妻子到国外游玩了半个月。

等崔阳再回到公司时，发现大家的状态与往常一样，每个职员的工作没有出过纰漏，客户的订单也没流失——他这才发现，原来自己并不是最重要的，公司没有他一样也能运营。

从那之后，崔阳开始对职员下放权力，不再过问那些烦琐的事务。他把更多的精力用在了开发项目、扩展资源上，不仅自己觉得轻松了不少，公司的盈利还提高了。

善于授权，得益的不仅仅是领导一人，得到权力的职员更是大赢家——他们得到了老板的器重，提高了自己的办事能力，开阔了眼界，岂不要比原来指哪打哪、按命令行事的木偶人强得多?

通过合理的授权，公司领导能够把庞大的任务分解到各个职员身上，让工作变得更加有效率——公司的每一个成员都会更加有目标，更加有动力，更加负责任地投入到工作中。

有效授权是一种双赢。领导获得了放松，得到了利益；职员摆脱了顺从，得到了锻炼。领导不再陷在压力中愁眉苦脸，变得惬意、舒适，并且培养出了优秀人才；职员获得了自主权，得到了成长，也不再无所事事，浑浑噩噩度日。

但是，很多领导因为这样那样的原因，不敢或者说不愿放权。他们要么对下属不放心，过度追求完美；要么胆子小，害怕事态发展到无法控制的地步；要么害怕放权后下属会超过自己，对自己造成威胁。

他们不放心、不放手，但劳心劳力、事必躬亲的效果却总是不尽如人意。因为领导事事包揽，时时处处干预，不仅会把自己弄得焦头烂额，还会扼杀下属的进取心和创造力。

而适当的授权会激励职员站在主人翁的立场上为公司考虑，自发地以最大的积极性来工作，这样就增强了公司的凝聚力，提高了整体效率。

当然，授权也要讲究技巧，善用才能双赢。如果把握不好授权的度，不管三七二十一大小事都交给职员去做，就会走上另一个极端。

巴林银行就是一个很好的例子。当年，拥有两百多年历史、几乎分布全球的巴林银行倒闭了，仅仅是因为一个人——李森。

李森之所以会使巴林银行垮掉，就是因为高层过分授权。他 25 岁进入巴林银行，是巴林银行最优秀的交易员，成绩非常出色，据说当年他一个人为公司挣的钱达到了整个银行其他工作人员的总和。

为了更好地留住这个人才，银行的董事会将大权下放给李森，甚至给予了他先斩后奏的权力。但正是这一决定，导致了巴林银行的灭亡。

那年年底，李森未经批准就购进了价值 70 亿美元的日本日经股票指数期货，后来又在期货市场上做了价值大约 200 亿美元的空头交易，把整个巴林银行的命运都压了上去，最终亏损巨大，使巴林银行走上了毁灭之路。

3. 不贪功，调动下属积极性

关键对话技巧

领导应该把功劳让给下属，不要为此而因小失大，因为你的成功离不开他们的努力。把功劳让给下属才能得到他们的信任，提升自己的形象，并且调动他们工作的积极性和主动性。

团队运作中，总是会面临各种各样的成功或失败。作为一个团体，自然应该是有福同享，有难同当。但是，细心的人会发现职场上存在这样一种现象：

当团队领导带领成员攻克难关后，老板总是会大力嘉奖团队领导，把最大的功劳也会记给他；而对于其他成员的努力，好点的会一笔带过，差点的则直接视而不见。

但是，这样的行为对职员的工作热情是致命的打击。不得不承认，团队领导的作用非常大，但下属的功劳也不小——因为，如果没有他们的努力与奔波，光凭领导一人是不可能完成一项任务的，所以每个职员都功不可没。

职员之所以辛勤工作，就是为了得到认可，得到应有的回报。但是，他们经过长时间的努力与劳苦后最终却什么都没得到，而荣耀与奖励只属于团队领导一人，他们一定会很失望，很不甘，他们以后还能拿出最大的热情拼命地工作吗？很显然，不会。相反，他们的积极性会逐渐减弱，对领导、对公司充满抱怨，进而得过且过。

有些团队领导不懂人情世故，不懂笼络人心，想不到把功劳让给下属。还有些团队领导自私自利，想不劳而获就赢得上级的重视。

我曾经合作过的一位管理者，他是某集团的一个部门经理。

有一次，他与下属耗费近两个月完成一个大项目，给公司带来了可观的利润。当然，在此过程中他只是负责张张嘴开会，没事时来转两圈，训训人。跑腿、动手、费力气的活儿，都是下属累死累活去做的。

结果，等到总经理去检查工作的时候，他在一边大肆宣扬自己的功劳——这个创意是他想的，那个意见是他提的，就好像这个项目是他一个人完成的似的，从头到尾都没有提到下属的默默付出。

总经理不了解情况，看他说得头头是道，真以为都是他的功劳，非常高兴地表扬了他，还承诺会给他很多奖励。而辛勤努力的下属们，什么好处也没捞着。

经理的笑脸和下属的苦脸，形成了鲜明的对比。

下属们见识到经理的自私自利后，没有一个人不感到生气与不甘，只是碍于他的地位不敢表达。但是，大家私下里都默契地达成一致，不管经理有什么要求，大家都嘴上答应，实则消极应付，敷衍了事。

时间一长，总经理发现他们团队的业绩大大下滑，便前来询问状况。有一个下属便趁机告发经理，揭露他压榨职员、独揽功劳的种种劣迹。最终，总经理一怒之下，开除了部门经理。在业内，他也变得臭名远扬，没有别的公司愿意聘用他。

因此，作为企业领导或者主管，应该要把功劳让给职员，以此培养他们的工作热情，这才是最重要的。职员是企业的支柱，很多事都是由他们完成的，把功劳让给他们非常合理——很多时候，职员需要的只是一种认可、鼓励，他们很清楚自己在企业里的位置，不可能去跟领导争抢什么。

上述那位部门经理太过于看重虚名，为了贪图一时的荣耀而失去了下属们对他的好感，最终导致人人喊打，葬送了大好前程。由此可见，不懂得与下属分享功劳的领导，实在是太不明智了。

“水能载舟，亦能覆舟”，人心难测，下属可以帮你坐上高位，自然也能让你摔得头破血流。

领导若是一味地跟下属抢功劳，就会寒了他们的心，让你们的关系产生裂缝，使他们为了维护自己应得的利益不可避免地站到你的对立面——这会对你的工作和前程产生很大的影响。

一个好的团队领导，不仅仅要做到与职员福祸与共，更应该做到把功劳让给他们——这样才能为你赢得威信，笼络人心。

一个喜欢独占功劳的领导，在下属心中一定也是逃避责任的领导。下属会这样想：连这点功劳都要抢，遇到问题时肯定也会把我们往前推，跟着这样的领导还有什么前途呢？时间一长，他们自然会离你而去。

把功劳让给下属，你并不会吃多大的亏，相反，这能给你带来更大的福气。若是你把职员应有的功劳让他得去，他就会对你心生尊敬，觉得你是一个值得信赖、跟随的人，为你工作自然会不留余力。

若是你能够把自己的功劳让给下属，则更会激发他的感激之心，把你的恩惠铭记于心，这样的话，团队的氛围也将更加和谐、融洽。

在这样的氛围中，职员必定很少出现摩擦，并且经常会迸发出更好的灵感。这滴水之恩，甚至会让下属在你遇到困难的关键时候挺身而出，帮你一把。

如此看来，如何取舍应是十分明了的。

4. 别让自我偏见心理毁了你

关键对话技巧

没人不喜欢掌声和荣耀，但把光环让给别人可以得到善意的赞赏，得到尊重——这是一笔看不见的巨大投资，能让你得到更多的好处。

现实生活中，大部分人都认为自己应该是令人瞩目的中心，所有人都要围着自己转。比如，大家共同努力完成了一件作品，你在给别人介绍这件作品的作者时，第一个提到的人和提到最多的人一定会是你自己——你如何努力，如何有创意。

再比如，你跟朋友照了一张合照，在拿到这张照片时，你第一眼（下意识）看到的也会是自己。

我说这些并不是要对此表示批评，因为每个人都渴望受到关注、被人欣赏，这是人之常情。但是，这种意识会给我们带来一些不好的影响，因为在这种意识的驱使下，你可能会很没礼貌地打断别人的谈话，也可能会在重要场合迫不及待地展示自己，或者把功劳揽在自己一个人身上。

做了这些之后，你可能还会喜不自禁，认为自己大出风头获得了瞩目。殊不知，那些被你打压的人却会兴致败坏，从此疏远你、讨厌你，甚至有可能报复你。

孙强是某药品公司的一名业务员，人非常聪明，业务能力也特别强，在公司里算得上金牌销售。但是，他有一个非常不好的地方，就是自傲，喜欢炫耀。

同事张平最近在跟一个大单子，对方比较难缠，要求非常严苛，不仅在价格上斤斤计较，还提出了很多无理的要求。

张平迟迟拿不下这单生意，只好来向孙强求助。

孙强了解过之后，给张平提出了几点建议，帮助他打开了新思路。张平茅塞顿开，重新准备方案，做了很多调查，又详细地完善了计划，果然顺利地拿下了这单生意。

老板对于张平拿下这单生意表示非常高兴，说要奖励他。张平非常开心，谦虚地说，这都是靠大家的帮忙。

孙强听了，非常不客气地当着大家的面说："是吧，你就得感谢我——没有我支招，你怎么可能拿下这单生意呢？"

张平顿时一脸尴尬，只好说："对对对，要感谢你的帮忙。"

孙强喜欢炫耀还不止这一点，他尤其喜欢彰显自己的存在，证明自己的重要性。公司的客服人员因为他的销售能力强，大单子多，每次接到他的客户电话都表现得很热情，也会很及时地为其服务。但是，孙强动不动就会跟他们说："你们要感谢我，没有我的业务量，你们哪有这么多电话接呢？那样肯定闲得要死，怎么有活干呢？"

每当客户对他们公司的产品或服务表示满意的时候，他都会"提醒"客服人员，这是自己的功劳，并且向老板邀功。渐渐地，客服人员便不再那么支持孙强的工作了，对他的客户也不是很热情了，有了问题一拖再拖，就是不给解决。

最后，客户都把怒火发到了孙强身上，并且因为后续服务态度差，也都渐渐不与他合作了，他的业绩直线下滑。

从这个案例中我们能够看出，在团队工作中绝对不能好大喜功，独揽功劳。如果一味地表现自己，看低别人，就会失去大家的配合和帮助——而一旦失去了团队的配合，你再有能力也不可能有好的成就。

同样，技术员王涛就深谙在职场中谦虚做人、分享功劳的好处。

有一次，王涛发现生产设备有一道程序是存在瑕疵的，会降低产品的合格率。于是，他查阅了很多资料，进行了很多次的试验和调整，最终设计出一道新程序，大大提升了产品的合格率。

老板得知后，在会议上点名表扬了王涛，并且答应奖励他一万元的奖金。

但是，王涛却说道："老板，这份功劳并不是我一个人的，而是在组长的带领下我们所有成员一起努力得来的结果。如果您想要奖励的话，不应该只奖励我一个人，而是奖励我们整个小组。"

老板听后，果真把那笔丰厚的奖金分给了整个小组。

我想，一定有人觉得王涛的举动太傻，明明是他自己的功劳，却要让给其他人——这样做不仅会失去丰厚的奖金，还可能会失去升迁的机会。

是这样吗？不，王涛的行为才是明智的。如果他一人独揽功劳，确实能够得到大笔奖金，但同事却会因嫉妒而疏远他，使他在团队中很难立足。相反，按他的做法，他却能得到领导的信任、同事的好感，与团队成员相处得更加融洽。

其实，王涛每每做出成绩的时候，他都会把功劳让给其他同事。

前段时间，公司的生产部经理辞职了，总经理对高层干部说："我看也不用到市场上招聘了，那个王涛就不错——为人谦逊，不与人争功，喜欢与同事分享成绩，这样的人若是带领一个部门，必定很有凝聚力。"

由此可见，好大喜功、贪图一时的荣耀只是小聪明——真正的智慧是把光环让给别人，与他们分享功劳。

5. 尊重比恭维更重要

关键对话技巧

工作中对待领导一定要尊重，不要敷衍、不要对抗，更不能奉承。少些庸俗的想法，端正态度，尊重领导，就能建立和谐的上下级关系，得到领导的赏识和更多的发展机会。

曾经与一位朋友闲聊的时候，听他说了这样一件事：

朋友公司的两个职员甲和乙，他们都是一条流水线上的操作工人，采用同样的方法包装产品。有一次，老板经过他们身边的时候，不经意地说："这种方法看上去不是很好。"

甲听后，即使知道自己的方法没问题，但为了表示对老板的尊重，仍旧一声不吭地多加了一层包装。乙却不以为然，跟老板据理力争，来证明自己的包装是非常结实、耐用的，而且能够节省资源。

乙觉得自己这样不畏强权才是真正为公司着想，而甲是个虚伪的马屁精，只知道唯命是从。但是，他的长篇大论弄得老板心烦不已。

不久之后，甲升职了，乙依然还在流水线上奋斗着。

这个故事让我明白了一个道理：包装是否结实本身并不重要，领导纠结的也不是这个，而是希望得到下属的尊重，证明自己的威信。如果你过分纠结于那一层包装，与老板针锋相对，在老板看来就是你对他不尊重，那是他的一种失败。

对一个职员来说，到底是节省资源重要，还是让领导满足自尊心重要？答案显而易见，后者更为重要。尊重你的领导，会让领导对你产生好感，留下一个好印象，建立与领导之间和谐、融洽的关系，有利于你日后的发展。

在职场中，有很多职员自恃过高，觉得自己能力强、资质高，而部门领导明明不如自己，薪资却比自己高很多，因此觉得非常不服气。故而，他们会不服从领导的指派，遇到一点小问题就顶撞领导，甚至大吵大闹；若是占了理，就更加得理不饶人。他们还给自己戴高帽，自诩这是“不畏强权”。

殊不知，这是一种非常不成熟的行为。领导之所以是领导，一定有其过人之处——不说别的，单凭他能够成为领导，就说明他在为人处世方面比你强，值得你尊重。而且，就算不论能力，凭对方的职位这一点，就值得你尊重。

在我看来，领导至少有这几点值得你尊重：

一、他的职位

你与领导所处的位置不一样，领导的地位是你暂时望尘莫及的。他能够获得更多的资料和数据，见识更先进的技术，接触更核心的人物，看得会比你更广、更全面。仅凭这些，他就值得你尊重。

二、他的人脉

也许你的领导不如你聪明，技术实力不如你，但他结交的人多，所处的圈子里比你聪明的人也比比皆是——他能够获得比你好的资源，得到比你多的支持。这一点也值得你尊重。

三、他的经历

领导身上有着你没有的岁月沉淀，他经历了很多你不曾经历过的事，你没有经历过就没有质疑的权利。在成为领导之前，他一定也受过磨难与非议，经历过挫折与失败，但他扛过来了，得到了认同。单从这一点来说，就值得敬佩。

就算没有这些理由，尊重他人也是一个人最起码的道德修养。

古语有云“爱人者，人恒爱之；敬人者，人恒敬之”。你尊重领导，领导也会尊重你；你藐视领导，领导一定也会轻视你。

况且，下级服从上级，是一个团队运行的最基本原则，理所应当。没有服从，就没有执行，工作就无法进行，团队就会停滞不前——而服从的前提就是尊重。如果大家都无视领导的决策和指挥，我行我素，不听命令，团队就会陷入混乱。

总而言之，要遵从领导的意见——你可以不敬这个人，但一定要敬这个位。正如美国斯坦福大学组织行为学教授杰弗瑞·菲佛说的：“职位本身就意味着称职，我们就得像对待称职的人那样对待他。”

但是，尊重不等于谄媚。现实生活中，有些人把尊重与恭维混为一谈，不论领导的决策是否正确，都奉如圣旨一般，一味地拍领导的马屁，拣领导爱听的话说。这不是对他们的尊重，而是恭维。

尊重是有原则的，认同的决定就要言行一致，尽全力帮助领导；不赞同的决定，也要以诚恳的态度劝说，直言不讳。恭维却是阳奉阴违，做表面功夫，口头上支持领导的一切决定，暗地里却打着自己的小算盘，光说不做。

身为职员，一定要端正态度，对领导做到服从而不盲从，尊重而不奉承。

6. 毛遂自荐才能创造机会

关键对话技巧

现代社会竞争非常激烈，若是你不主动出击，便只会被社会淘汰。只有毛遂自荐，主动推销自己，才能实现梦想，获得成功。

现代成功学大师拿破仑·希尔说：“如果你想成为一个不平凡的人，就要学会怎样推销自己。”我们需要学会毛遂自荐，不仅仅是为了职业的发展或者更好地生存，更是为了实现自己的最大价值。

有些人常常会搞错自己的位置，把自己当成“客户”，等着机会来找他，而不是把自己当作推销员，主动地推销自己。正是因为这种态度，一些有才华的人被茫茫人海所淹没。

机会不等人，再好的酒也怕巷子深，如果你选择等待、选择被动，就会错失成功的机会。

我表妹小丽今年大四，学的专业是文秘，学习成绩是班里最好的一个。当时，学校举行一年一度的校内招聘会，很多规模大、实力强的企业到学校里招人。其中，有一家外贸公司的福利、待遇特别好，而且专业也对口，小丽和同班同学小云一起去参加招聘会。

小丽面试的时候对答非常流利，回答问题速度快，准确性又高，对于专业方面的考量也很令人满意。她很自信，觉得自己的优势很大，就优哉游哉地回去等结果了。

但是，小云在面试之后，又私下里找到面试官，一上来就很诚恳地承认自己的不足，说自己反应速度有些慢，思维不够敏捷，状态不太好。但是，她并没有把这些归结于自身实力不足上，而是话锋一转，开始解释起原因来：她说昨天晚上参加了一场全市的才艺比赛，很晚才结束，以致今天不是很有精神。

面试官听她说到才艺比赛，便随意地问了一句："不知道你有什么才艺呢？"

小云一听，就知道自己的机会来了。她说这番话就是抱着这个目的：她知道自己的实力不如小丽，要想胜过小丽，便只能主动出击，毛遂自荐，展示自己的其他优点。于是，她连忙拿出自己的各种获奖证书，什么钢琴八级、会计证书、主持人证书等，向面试官证明她实际上是一个多才多艺的人。

面试官一想，如果公司录用了她，就相当于录用了秘书、会计和司仪等职位的人员，一人多用啊！

最终，小云被录用的时候，小丽还在宿舍里美美地听着歌等通知呢。

小丽把经历告诉我后，我深思了很久，她给了我们一个教训，让我们明白：只有会推销自己，才能抓住机会，获得成功。

推销自己不但能使你抓住机会，更能让你创造机会。曾经写下过《登幽州台歌》这一千古名诗的唐代大才子陈子昂，就是因为会推销自己才闯出了名气，得到了大家的认可。

起初，陈子昂还只是一个落魄书生，正漫无目的地徘徊在长安城的大街上。他怀着满腔抱负来到京城已经半年有余，每日不停地创作，却得不到别人的赏识。千里马遇不到伯乐，伯牙找不到子期，岂不令人愤懑与忧伤?

陈子昂茫然地在大街上游荡，突然发现前面聚集了很多围观的人，于是也凑了上去——挤进人群一看，原来是一个人在卖胡琴。这本没什么令人好奇的，但这个卖琴的人竟然一出口就要百两黄金!

大家下意识地觉得，这把琴一定是最上乘的。一时间，城中百姓都听说了这件事，就连一些王公贵族也被惊动了，前来一睹为快。但是，即使这么多人前来观看，却始终没一个人愿意买下这把琴，因为它实在是太昂贵了。

陈子昂看到前来围观的人的身份越来越高，灵机一动，计上心来。他分开拥挤的人群，走到卖琴的人面前，说："这把琴我要了。"

围观的人都很惊讶，陈子昂却以平淡无奇的口吻说："我这个人别无长处，就是擅长弹琴，如此好的琴只有在我手里才能发挥它的价值，弹出世上最美妙的乐曲。"

大家被陈子昂说得颇为心动，都鼓动他当场弹奏一曲。

陈子昂却对大家说："既然大家想听我的演奏，那么我就恭敬不如从命了。但是，现在我对这把琴还不熟悉，并不能很好地驾驭它，请大家明天到我的住处去，到时候我会拿出最好的水平为大家演奏。”

第二天，陈子昂备下了丰盛的宴席扫榻以待，无数充满好奇的人如约而至。大家都对那把百两金的胡琴非常感兴趣，要求陈子昂快快演奏。

这时，陈子昂取出那把琴，说道：“我叫陈子昂，蜀地人，为了一展心中抱负，带着自己精心雕琢的文章到京城来，却始终得不到赏识。这把胡琴不过是一件制作粗糙的劣质品，没有丝毫价值，却能够得到众人如此多的关心——难道我一个满腹诗书的才子，连一把破琴也比不上吗？”

说到激动的地方，陈子昂将琴举过头顶，一下摔了个粉碎。

陈子昂又趁机把自己写的诗文分发给了前来赴约的王公贵族们。从此，他的名字响彻了长安城，成为众人皆知的大才子，青云直上，一酬壮志。

陈子昂正是凭借这摔琴之举创造了机会，成功向大家推销了自己，从而名震京师，最终青史留名。

7. 学会听懂领导的语调

关键对话技巧

人人都说职场如战场，因此，我们不仅要学会听懂领导的弦外之音，还要学会听懂领导的语调，了解领导说出某句话的深意。

在日常交际活动中，语调也能起到重要的作用——可以说，它如同语言的“灵魂”。语调能够反映出语音中除音质特征之外，音高、音长、音强等方面变化的音调特征。我们可以通过它表达的完整意思和思想，以达到沟通和交流的目的。

语调可以表现出一个人的喜怒哀乐、赞成或反对、爱或恨等情绪，这些情绪因素不仅体现在词语的选择上，还体现在我们说话的声音、语调上。

人人都说职场如战场，因此，我们不仅要学会听懂领导的弦外之音，还要学会听懂领导的语调，了解领导说出某句话的深意。

一、降抑调

贾芸是一名化妆品销售员，业绩在公司一直名列前茅。可是最近贾芸的销售业绩开始下滑，尽管她也在想办法解决，可就是不见起色。

上周，经理特意来找贾芸，询问她是不是生活中遇到了什么麻烦。贾芸坦言自己并没有遇到麻烦，也表示了自己会再接再厉。

经理拍了拍她的肩膀，说：“贾芸，你的努力我都看在眼里，只是业绩没怎么上去，我们还得加把劲！”

显然，这位经理使用的是“降抑调”，这种语调一般用在感叹句、祈使句或表示自信、赞扬、坚决、祝贺、悲痛、愤怒等感情的句子里。经理之所以用这种语调，是因为他很看重贾芸，希望通过这句话给予她鼓励，帮助她能尽快调整好自己的状态。

经常使用这种语调的领导大多比较宽容，愿意给他人改正错误的机会，同时也会与下属同甘共苦。这种语调，给人一种语重心长的嘱咐与祝愿感，比批评更能让下属容易认识和提高自我，不失为一种良好的鼓励方式。

此外，偶尔的失败也不会改变上司对你的肯定，所以，当你出现错误或纰漏时，可以大胆地向上司承认自己的错误——因为对方并不会因此而责备你，他更希望看到一个勇于改正、充满自信、越挫越勇的称职职员。

二、曲折调

以前会计部门的同事小棠曾因为疏忽大意，把一笔转给 A 客户的钱转到了 B 客户的账户上。

第二天，小棠制作财务报表时才发现自己的疏漏，但为时已晚。为此，小棠很内疚，她不知道应该怎样去面对领导，可此事非同小可，她只好硬着头皮去向领导报告了此事。

领导听完报告后，说：“小棠呀小棠，这是绝不允许出现的错误啊！你怎么现在才发现，你当时怎么不用点心，怎么能……唉！”

“曲折调”多用于表示特殊感情，比如讥笑、讽刺、强调、夸张、惊异等。在使用这种语调时，一些音节会特别加重、加高或拖长，形成一种升降曲折的变化。

由于小棠犯了非常严重的错误，可事情已经发生了，领导虽然没有过分批评她，但是对她的讽刺与失望在其语调中已经展现了出来——显然已经气愤到无话可说了。这种情绪，只要是稍微敏感的人都能听出来。

如果你在工作上出现失误，听到了领导的这种语调，承认错误时的态度一定要非常诚恳，而且不要有任何解释，因为对方正在气头上，他要的是结果，而不是过程——任何解释在他眼里都是多余的。所以，放低姿态是保护自己的最好方式。

三、高升调

这天下班以后，我和小王留下来加班。过了一会儿，老板从会议室走出来，看到职员都走得七七八八了，就让小王通知销售部的所有人，明天下午两点开会。

第二天上班的时候，我原本以为小王是因为当时我在场，所以没再提醒我下午开会的事。可没想到，她居然把这件事给忘记了。

下午上班时，由于大家都不知道这个通知，销售部的七八个同事都外出拜访客户去了。小王这才想起来开会的事，连忙打电话通知大家，可他们已经在外面做事了，立即往回赶也回不来。结果到了下午两点二十分，还有四五个同事没赶回来。老板把文件夹往桌子上一拍，说：“不等了，现在开会！”

这里老板使用的是“高升调”，即先低后高，这类语调多在疑问句、短促的祁使句里使用，或者是在表示愤怒、紧张、警告、号召的句子里使用。很明显，这位老板对那些迟到的人员非常不满，但没有追究下去的意思。

领导通常会使用这种语调，尤其当你的工作没有达到他的要求时。值得注意的是，如果你是第一次没有完成任务，领导不会多说什么，但是，如果你下次还不改正的话，他会新账老账一起算。

因此，在职场中，我们一定要细心对待工作中的每一个细节，这样才能获得领导的赏识。

第七章

高难度沟通：让语言更具逻辑性

说话高手经常会用喻证法来表达自己的观点，只要例子用得得当、巧妙，不仅能增强语言表达的效果，调动听者的兴趣，还能使逻辑思维更加清晰，提高双方沟通的积极性。

1. 二难法：被误解时，不要只说“不是你想的这样”

关键说话技巧

想云淡风轻地解决社交难题，借助“二难法”也是不错的选择——它能让社交变得更加简单，在日常交流中起到化解尴尬和矛盾的作用。

备受汉成帝宠爱的赵飞燕为了盛宠不衰，就想除掉可能威胁自己的班婕妤，于是，她对汉成帝说，班婕妤向鬼神行诅咒之术。

汉成帝质问班婕妤，她从容不迫地说：“妾闻生死有命，富贵在天，修正尚未得福，为邪还有合理？若使鬼神有知，岂有听信说说？万一无知，哭诅何益，妾非不敢为，也是不屑为。”

汉成帝听后，觉得很有道理，便相信班婕妤并无害人之心，不再追究这件事了。

后人皆言，班婕妤很幸运，遇到了明察秋毫的汉成帝，否则必将因谗言而断送性命。其实，班婕妤能化解危机，关键不在于汉成帝，而在于她的回答——利用事物的矛盾性，巧妙地让自己化险为夷。

逻辑学将这种矛盾性称为“二难推理”，即语言学中的“二难法”。描述出观点的矛盾性，这种矛盾性就能证明人们将要表达的观点。

《世说新语》言：“花开生两面，人生佛魔间。”凡事都有相对的两个方面，它组成了事物的完整性，但这两个方面却是对立面——A 能否定 B。

当班婕妤将鬼神存在或不存在的可能性及后果列举出来，就等于告诉汉成帝：“臣妾是被诬陷的。”看似她并没有向汉成帝辩白，实际上她已经通过事物的矛盾性，让对方明白了真相。

试想，如果班婕妤没有使用“二难法”，而是向汉成帝哭诉“臣妾是冤枉的，还请皇上明见”，只怕盛怒之下的皇帝根本不会去调查这件事，而是直接赐她一条白绫。

在希腊法庭上曾发生过一件有趣的事，法官为究竟该判哪一方胜诉而纠结。原来，原告普罗泰戈拉曾收过一名弟子，他跟弟子约定：教授弟子法律知识，教会他如何打官司。而弟子则先付给他一半学费，等到弟子学成以后，打赢一场官司就要付给他另一半学费。

没料到，弟子为了躲避支付另一半学费，一直不肯出庭打官司。普罗泰戈拉见弟子耍小聪明，就一纸诉状把他告上了法庭，并且心想：如果弟子打赢了官司，他就要按照约定支付自己另一半学费；如果弟子没有打赢官司，他就要按照法官的裁决支付自己另一半学费。

普罗泰戈拉对这场“学费官司”十拿九稳，高高兴兴地来到法庭。

可令普罗泰戈拉没想到的是，弟子洞察了他的意图，并且借力打力，对他说：“如果我打赢了这场官司，按照法官的裁决，我不能支付你另一半学费；如果我输掉了这场官司，按照约定，我还是不能支付你另一半学费。”

普罗泰戈拉和弟子都借助事物中存在的对立面维护自己的权利，

最后这场官司也不了了之了。

在人际交往中，我们也可借用“二难法”来解决生活中的矛盾。比如，不少职员都曾因为涨薪问题而烦恼：提出涨薪，老板不一定答应，还有批评自己的可能；不提涨薪，工作量大，工资却不成正比，心里也不是滋味。

让我们来分析一下，为什么部分职员提出加薪要求，非但不能达成目的，还会引起老板的不快——

职员 A：老板，现在公司的工作量繁重，如果您不给我提高待遇，我将会失去工作动力。

老板听到这样的话，首先想到的不是给职员加薪，而会认为他在威胁自己：不加薪，你就不好好工作了？哪位老板愿意给这样的职员加薪呢？只怕还会产生开除他的想法。

这时候，不妨像职员 B 一样，用“二难法”向老板提出要求：老板，以往公司的工作量适中，待遇也不错，所以大家工作认真、效率也高；而现在职员工作状态不好，并不是工作量繁重，而是因为工作量增大了，但待遇跟不上，大家没有动力了。

职员 B 通过工作量大小和工作待遇多少的对立面，向老板反映了自己的想法，同时也给了老板思考的时间——是否默认职员继续以不好的状态工作？如果他想让职员提高工作效率，就要给大家涨工资。

当与人沟通出现困难时，我们也可借用一个目的的矛盾性来化解争执。言简意赅地说，我们可以通过借助事物本身的性质，来反映自己内心的诉求，从而实现沟通的目的。

上学时，舍友王颖迷上了民谣，特意买了把吉他，经常练习到晚上十一点多，弄得整个宿舍的人都睡不好觉。一个星期后，王颖又抱着吉他练习时，阿雨跑过来对她说："你能把吉他借给我一晚上吗？"

王颖惊讶地问："你也想学吉他吗？"

阿雨说："不是啦，我只是想睡个好觉。"

说完，两人相视一笑，王颖这才意识到自己的行为给大家造成了困扰，后来她再也不在晚上练吉他了。

阿雨就是运用了"二难法"中的矛盾性，以借吉他的形式来告诉王颖，她打扰了大家的休息。如果大家直接要求王颖"别在宿舍练习吉他了"或者"不要练习到十点以后"，王颖心里肯定不悦，不但会影响大家的关系，还可能引起冲突。

从心理学的角度来看，如果人们直接向对方提出意见，对方会因为尊严、好面子而难以接受——哪怕他的行为的确是错误的。这可能就是人性的弱点。

想云淡风轻地解决社交难题，借助"二难法"也是不错的选择——它能让社交变得更加简单，在日常交流中起到化解尴尬和矛盾的作用。

2. 背理法：从结果推导出原因

关键说话技巧

背理法，顾名思义，就是当你知道一件事的结局后，推导出造成后果的原因。在沟通过程中，如果无法通过正方向表达、解释清楚原意，不妨拐个弯试一试。

背理法是一种论证技巧，当有人设定一个命题后，我们可以通过找出命题的矛盾点来证明该命题不能成立——这个推导过程也被称为“反证法”。

通常，背理法用于数学、逻辑学、定义和定理当中，但是，当掌握背理法的运用技巧后，我们也可以在社交中使用——它能够从侧面或反面使问题得以迎刃而解。

《三国演义》中，诸葛亮使的“空城计”就是借用了背理法：

当年诸葛亮带兵北伐中原，派马谡率领大军去镇守街亭，自己则带着少数士兵和老人留下来守护西城（今安康西北）。不料，马谡因骄傲自负竟导致街亭失守，魏国的军师司马懿率领军队直逼西城。

看着浩浩荡荡的魏军，诸葛亮心知，自己已无兵力与之较量，一旦司马懿带兵冲进了西城，后果不堪设想。可现在情势危急，不能硬碰，就只能智取。

诸葛亮轻摇羽扇，吩咐手下的士兵：将城内的旗帜全部收起来，士兵也隐藏好，不许出现；在接下来的时间里，所有人都必须保持安静。接着，他又命人打开城门，让几个年老的士兵在城门口洒水打扫，并警告他们无论发生什么事，大家都要镇定自若，切不可露出马脚。

安排好这些后，诸葛亮带着两个书童抱着琴、拿着香炉登上城楼，然后凭栏而坐，气定神闲地弹起琴来，琴音缭绕在西城上空，使城池笼罩着一股诡异的气息。

此时，司马懿已率大军至西城下，看着空荡、冷清的城池，以及在城楼上弹琴的诸葛亮，他心里十分疑惑：诸葛亮的葫芦里到底在卖什么药？思来想去，他都想不出答案。

这时，士兵们纷纷叫着“攻打西城”，这一幕突然让司马懿想通了一切，他立马发下撤退的号令，带大军远离了西城。

士兵问他，刚才为什么不进攻，那明明是一座空城。司马懿皱着眉头，回答说：“诸葛亮为人谨慎，擅长筹谋、布控。方才西城一片寂静，而他却在城楼上淡定地弹琴，如果不是做好了十足的准备，他会这么做吗？他肯定是在城内设下了埋伏，就等着我们中计！”

而另一边，看着撤离的魏军，诸葛亮长吁一口气，伸手擦拭掉额头的细汗，说：“兵法云，知己知彼，百战不殆。司马懿知我素来谨慎，从不打无把握的仗，所以见今日之举，故以为我设下埋伏，就等他们上钩，这才险胜一场啊！”

在司马懿眼中，诸葛亮是不可能冒风险施“空城计”的，而诸葛亮正是利用了这一点。先假设诸葛亮没有施“空城计”，即西城有埋伏，然后再以假设为切入点进行推理：如果西城没有埋伏，诸葛亮和士兵们又怎会神色泰然？这便与事实（没有埋伏）相反了。

既然推理与原命题互相矛盾，便可知诸葛亮等人神色从容，说明西城内必定早有埋伏，如果自己带兵进攻，必将中计！

以上是背理法的思考步骤，那么，如何把它运用到说话中去呢？

《甄嬛传》中有这样一个桥段：甄嬛即将入宫参加殿选，但她并不希望被选入宫中，于是便到寺庙求神佛保佑撂牌子。

而暗恋她多年的太医温实初，借此机会向甄嬛表露心意。他拿着祖传的玉壶对甄嬛说："嬛妹妹，家父在世时常说一片冰心在玉壶，我知你不想参加殿选……"

此刻，甄嬛已知温实初之意，回答说："实初哥哥这么说，就枉顾我们一直以来的兄妹情谊了。"

甄嬛的回答就是运用了背理法：借兄妹之情来拒绝温实初的告白。如此，她既可维护温实初的面子，又可维护两个人的感情。

有一次，我和表妹逛完街想去吃火锅。看着商业街里有四五家火锅店，表妹指着一家店面说："咱们去这家火锅店吃吧，人少、清静、上菜快，说话也听得清楚。"

我摇了摇头，说："吃饭就得去热闹的地方，这家客人那么少，肯定是因为饭菜不好吃。况且，他家生意不好估计也不是一天两天了，那肉、蔬菜还会新鲜吗？不如去对面那家三只羊火锅店，虽然环境嘈杂了点，但菜品肯定是新鲜的。"

虽然觉得我说得有道理，但表妹还是拉着我进这家火锅店看了看。确如我所说，服务员看起来都懒懒的，也不上前来迎接我们或者介绍些特色菜品。最后，我和表妹还是选择了客人多的三只羊火锅店——虽然客人多、声音嘈杂，但服务员热情，菜品也很新鲜。

其实，我选择三只羊火锅店就是在使用背理法，从“所以”推导出“因为”——因为饭菜不好吃，所以这家店才门可罗雀。

不仅如此，背理法还能促进两人之间的沟通——如果当时我对表妹说：“别去这家店，他家的肉不新鲜。”表妹听后心里肯定会不自在，觉得我太自我了，不给她选择的权利。但是，当我用背理法将自己的想法和判断结果都说给她听时，虽然她将信将疑，却不会产生不满。

在生活中，我们与他人沟通时经常会遇到“话说一半”的情况，但一部分人总能听懂背后的深意。有人总结说，这是因为他们情商高。其实不然，那只是他们擅长用背理法分析背后的意思。比如，网上流传的段子：天才就是 99% 的汗水 +1% 的灵感。但是，1% 的灵感是最重要的，甚至比 99% 的汗水更重要。

再如，我们经常听到类似的话，“至少有一个人知道甲的丑闻”。从表面上来看，没有具体人数知道甲的丑闻，但若用背理法分析，则可这样解读：甲有丑闻这件事，无论如何都会有人知道。

背理法，顾名思义，就是当你知道一件事的结局后，推导出造成后果的原因。在沟通过程中，如果无法通过正方向表达、解释清楚原意，不妨拐个弯试一试。

3. 借言法：借别人的话表达自己的想法

关键说话技巧

借口言意是一种很高明的说话艺术，它能让你的话更具说服力，更有主导权。

在不方便言说的情况下，想要拒绝或决定某事时，借助他人之言表达自己的意思很有必要。

《前赤壁赋》中，客曰："寄蜉蝣于天地，渺沧海之一粟。哀吾生之须臾，羡长江之无穷。"苏轼正是借客人之口感叹人生短暂。可见，当不方便说出自己的想法时，不妨借助别人的力量，来表达自己想要表达的意思。

在很多社交场合，有些话我们不能直接说出来——即便委婉一下也不好说，但不说又不行。这时候，我们就要用到这种说话技巧了——就像大多数访谈节目的主持人都是两个人以上，当问到敏感问题时，就会把话题抛给场外主持人，借第三方来缓解双方尴尬、紧张的气氛。

同学姚尧在出版社做编辑工作，就曾因不懂借人之口说话而得罪了人。有一次，单位举办年会，张主编为大家唱了一首《三国杀》，里面的一句歌词“羽扇纶巾”，他错唱成了“羽扇伦巾”。当时好几个同事都听出来了，大家因怕面子上过不去，谁也没言语。

可姚尧觉得这是拉近自己与主编关系的好机会，就想替张主编缓解尴尬，笑着说：“主编您别在意，某某歌手还把这句词唱错了呢。”

此话一出，张主编的脸顿时变成了茄子色。原来大家都佯装不知道，这事也就过去了，可姚尧这么一提，不是等于说他专业水平不过关吗？现场气氛很是尴尬。

在一些特殊情景下，懂得说话之道十分必要——既要把话说到点子上，又不能给自己惹麻烦。

清朝末年，一次科举考试闹了一出大笑话：审卷官在批阅考卷时，发现了一份特别的试卷。这位考生天资平庸，写的文章更是一塌糊涂，但试卷最后的一行字吸引了审卷官的注意——“我乃李鸿章大人之亲妻”。

审卷官看到后啼笑皆非，心想：“此人果真是个草包，本想在试卷上写明自己是李鸿章大人的亲戚，却不想把‘戚’写成了‘妻’，如此愚蠢还想攀龙附凤，真是可笑至极！”

可他又转念一想，李大人权倾朝野、广揽门生，为官之人哪一个敢得罪他！若自己不录取这位考生，万一他真是李大人的亲戚，自己岂不是驳了李大人的面子，得罪了他？可若录取了这位考生，不就等于纵容了考生冒充权贵边襟之风，于江山社稷无益。

审卷官思忖再三，想出了一条妙计，他大笔一挥，在试卷上写下批语：“大人亲妻，断不敢娶。”这位审卷官很聪明，他借用考生错字之力，反打了考生的脸——如此既不会得罪朝廷命官，又表明了自己的态度。

在与人交往的过程中，我们常常会遇到这样的情况：两个人在一起聊天，对方向你抱怨另一个人的言行。

前段时间，王阳对我抱怨说：“你觉不觉得小钰特毒舌？她说话特别不招人待见。”我们三人是同事，也是很要好的朋友，听他那么说，我便问：“为什么会这么说？”

王阳告诉我，有一次他跟小钰聊天，说起买家具的话题，小钰说了一句“以你的吨位，得买一张承重强的床”，他便把这句话记在了心上。他向我抱怨，说自己并不是很胖，小钰却那样挖苦他。

虽然小钰这么说的确不太礼貌，但以我对她的了解，想来是无心之失。我宽慰了王阳两句后，他依旧不依不饶，举了小钰许多不好的例子。我听着很是反感：他当着我的面这么说小钰，不知道在别人面前是不是也这么说我？

我不想再听王阳说那些无聊的事，就问他：“要是我在背后跟你说小钰的不是，小钰知道以后会怎么想？如果她质问我，自己哪里得罪了我，竟然在背后说她坏话，我该怎么回答她呢？”

王阳听了我的话后，尴尬地笑笑，不吭声了。

我这么说，其实是想告诉王阳，如果小钰知道他在背后说她的坏话，可能会做出什么过激行为，这会直接影响他们之间的关系。同时，我也是向他传递“我和小钰也是朋友，我并不想跟别人在背后议论她”，而且我也不喜欢他的这种做法。

如果我直接对王阳说：“你怎么在别人背后说坏话？”他一定会陷入难堪，此后跟我交往时也会针锋相对。

你一定遇到过这种情况：朋友问你，周末想去逛商场、泡温泉，还是爬山？此时，如果你直接回答自己想做的事，对方可能会提出不同的意见。如果你想让对方接受你的提议，可以换一种说法：“如果去爬山的话，我们需要准备登山的食物和物品；如果逛街的话，又会忍不住买很多东西；不如去泡温泉吧，泡完后还可以做个 SPA。”

借爬山、逛商场的劣势来突出泡温泉的优势，这样可以敲定对方的心理需求，让他产生“泡温泉比爬山和逛商场更享受、实惠”，这样一来，他就很可能投赞成票。

借口言意是一种很高明的说话艺术，它能让你的话更具说服力，更有主导权。在不方便言说的情况下，想要拒绝或决定某事时，借助他人之言表达自己的意思很有必要。

4. 蕴意法：借话题共鸣拉近距离

关键说话技巧

要想变成一个社交高手，游刃有余地与人交流，就必须学会寻找彼此感兴趣的共同话题，以此来吸引别人的注意力，拉近双方的距离。

如果一个人不善言谈，就不会具备良好的交际能力，那么他在日常交往之中就容易被人忽视、冷落。想要改变这种现状，能与人谈笑风生，捷径就是要找到共同话题。

话题是双方熟悉的基础，是拉近关系的最好媒介——没有话题就不可能顺利地展开沟通。

保险推销员文涛到一家公司推销保险产品，但他去的时候不巧，老板正在会议室开会，于是他就在老板的办公室里等着，顺便思考怎么说服老板来买他的保险产品。

无意中，他看见书架上摆着几本武侠小说，然后他又观察到办公桌上放着一本《金融投资指南》，书里还夹着一张绘有武侠人物的书签。他灵机一动，已经想好该如何开口了。

老板开会结束后，文涛热情地跟老板握了手，不过他并没有急着介绍保险产品，而是跟老板聊起了武侠小说。老板对这个话题十分感兴趣，两个人从梁羽生、金庸聊到古龙，再聊到温瑞安、黄易等，聊他们各自的写作风格，聊他们笔下的英雄儿女。

两个人聊得热火朝天，转眼一个小时过去了。

这时，老板主动问起文涛销售的保险产品："真没想到，我跟你这么投缘。行，以后我们职员的保险都在你这里上！"说完，老板大笔一挥，毫不犹豫地签下了合约。

无论是日常生活、学习还是工作中，只要有人的地方就有交际，而交际必然需要共同话题——如果两个人都无话可说，只会陷入尴尬的局面。尤其对初次见面的两个人来说，如果没有共同话题，只能大眼瞪小眼。

总而言之，要想成为一名会说话的高手，就必须学会寻找话题。那么，怎样才能找到共同话题呢？

一、选择大家都关心的事件

在与人交谈时，可以把话题引向所有人都关注的一些事上，比如世界杯、奥运会、时事新闻、明星八卦等。这类话题，即使闷在家里孤陋寡闻的人也会有所了解，不愁无话可说。所以，在交流时要尽量选择大家都关心的事件为话题，让别人能说、想说、爱说。

二、就地取材，加以联想

在快要无话可说的时候，可以借用身边的一些事物为题，以此引发交谈。比如，客厅装潢、家具摆设、盆景，还可以说说某餐厅的某一道主打菜、手头的某一本书等。

甚至，你还可以借由对方的籍贯、姓氏、年龄，联想一些名人和他们的故事。比如，对方是山东曲阜人，你就可以引出孔子，畅谈孔子的学问、思想。

自然、灵活地就地取材，以敏捷的思维由此及彼地做出联想，即兴引出话题，往往能收到好的效果。

三、从兴趣爱好入手

如果是已经相识的人，可以选择对方的兴趣爱好作为话题，比如音乐、美食、偶像、服装等——因为兴趣爱好往往会让对方有话可说，甚至对你知无不言，言无不尽。

如果对方的兴趣爱好你恰巧略懂一二，就可以跟对方你一言我一语，谈得非常投机。如果你不太了解对方的兴趣爱好，也可以静静地倾听，适时提问，让对方感到他是被认可的。

如果你与对方是第一次见面，也可以从兴趣爱好入手，只不过这会多出一道询问的程序。你可以循序渐进地提问，打听出对方的喜好，进而深入地展开话题。

四、以关键字为话题

交谈时，可以从对方话语中出现的一些关键字入手。比如，对方跟你说昨天下午去电影院看了《悟空传》，你就可以拿这部电影来跟他讨论——剧情如何，最喜欢哪个人物，画面美不美，音乐怎么样等，这些都将成为你们的话题。

当然，值得注意的是，选择关键字时一定要选择自己擅长的，至少也要是自己感兴趣的话题，否则你自己都说不出个一二三来，别人又怎么会有兴趣跟你聊下去呢？

五、看人下菜碟

所谓“见人说人话，见鬼说鬼话”，话糙理不糙。每个人的脾性、见识、爱好都不相同，对话时必然要因人而异。

如果你跟一个孩子说话，那么讨论的内容最好围绕糖果、零食、漫画等；如果你跟一个青少年聊天，自然就应该围绕学习、运动、游戏等。

如果你跟家庭妇女交谈，就要与她探讨育儿之道和厨艺等；如果你跟一个事业有成的人打交道，就要与他交流管理经验、金融投资等。

如果你跟一个老人聊天，就应该谈谈养生方法，以及对方的晚年生活、子女状况等。

5. 反话法：你必须掌握的说话技巧

关键对话技巧

正话反说，表面赞扬、实则贬低是人际交往中一种非常重要的技巧。在使用正话反说的方式时，如果同时辅以夸张的措辞，将事情放大，就更能显示事情的荒谬性，给人敲响警钟。

喜欢经典喜剧《武林外传》的人，应该会记得这个情节：

娄知县派老邢到京城出差，可世风不好，老邢还没到京城就被土匪劫了财，一路讨饭回到了七侠镇。这下好了，差事办砸了不说，堂堂九品缁衣捕头竟然加入了丐帮，真给官府丢脸！娄知县一生气，降了他的职，从捕头一下子成了跟班小捕快。

转眼几个月过去了，十八里铺的老捕头退休了，娄知县打算派一个资历深、有经验的捕快接任。老邢听说以后特别兴奋，可转念一想，自己有很多缺点，害怕知县不派他去，就想改掉自己的那些坏毛病，于是，他找到了同福客栈的朋友——让每人都提一条自己的坏毛病。

佟掌柜等人一听这话，以为老邢是在正话反说——嘴上说想听意见，心里却想听赞美。于是，就有了下面这段恭维之词：

佟掌柜：“你这个人最大的毛病，就是太不爱惜自己的身体了，为了百姓、为了苍生，没日没夜地熬，熬到两眼通红了还不算完，真叫人心疼。”

显然，她说的并不是真心话，老邢对她的答案很不满意。

如果佟掌柜会说话，用正话反说的技巧回答：“抓罪犯姬无命的时候，多亏你跑到衙门搬救兵，不然凭老白的武功，哪里对付得了他？”这是暗指老邢武功差，有点风吹草动第一个逃跑——本来抓人是捕快的职责，他却让普通群众去对付。不过，这么回答既保住了老邢的面子，也能让他意识到自己的错误。

在社交中，当你看到一些错误行为想要指正对方时，不妨尝试正话反说，这样提意见不但能热络气氛，对方也更容易接受。

五代时期，后唐开国皇帝庄宗最大的爱好就是打猎。有一次，他带着队伍来到了某个县城的郊外进行围猎，众多马匹在农田中肆意奔跑，踩坏了很多庄稼。

当地县令闻听此事后，立即来到庄宗面前，拦下他的马，劝谏他不应该毁坏民田。但是，庄宗打猎的兴致正浓，不仅没有听进县令的劝谏，还雷霆大怒，斥责县令，下令让人把他抓起来斩首示众。

这时，一位随行的乐工敬新磨骑马来到庄宗面前，下了马，指着县令的鼻子痛骂道：“你身为一县之主，是陛下的臣子，难道不知道我们天子的喜好吗？谁人不知陛下喜欢狩猎？

“如果你知道，作为当地父母官，怎么还敢唆使百姓在田里种粮食来缴纳国家征收的赋税！难道你不该让百姓全都饿着肚子，不许他们种田吗？这样才能空出足够的地方来给天子打猎取乐，纵横驰骋。

你居然连这点小事都做不到，还敢为了如此微不足道的民田来阻挠天子打猎，简直是罪该万死！”

庄宗听了以后，明白了敬新磨话中的深意，转怒为愧。最终，他不仅没有处死县令，还下令从此不准任何人再践踏农田。

表面上看，敬新磨是在指责县令，实则是在指桑骂槐。因为，当时庄宗火冒三丈，若是明着替县令求情，一定会让他更加生气，结果只会适得其反。

所以，敬新磨便顺着庄宗的意思正话反说，要求县官让百姓饿死，空出土地让天子打猎，从而使庄宗认识到错在自己，并及时改正，保住了一位为民请命的好官，真是一举两得。

日常生活中，我们常常会遇到一些跟我们唱反调、不讲道理的人。对于这种人，一味地劝谏、直话直说，往往只能激化矛盾，引发争吵；而若是巧妙地正话反说，往往能起到神奇的效果。

遇到听不进道理的人，不妨换一种思维——不要与对方对着来，摸清他的心思，正话反说，让他自己发觉问题，这不仅能保全对方的颜面，还能达到良性沟通的目的。

6. 喻证法：乏味的话题有趣地说

关键说话技巧

说话高手经常会用喻证法来表达自己的观点，只要例子用得巧妙，不仅能增强语言的表达效果，调动听者的兴趣，还能使逻辑思维更加清晰，提高双方沟通的积极性。

写作中有多种叙述方式和修辞手法，比如平叙、倒叙、插叙、比喻等。这些叙述方式不但能运用到写作中，还可以运用到社交中。试想，无论讲述什么事，你采用平铺直叙的方式，即使你讲的故事很精彩，别人听起来也会觉得乏味。因此，在与人沟通时，我们要根据需要随时变换叙述方式。

相比其他叙事方式，喻证法是最能调动听众情绪、令人更好理解故事内容的方式。它通常被运用到议论文中，作者用人们熟悉的事物来证明文章的观点。在沟通中，当我们想要表达自己的想法时，除了像记流水账似的说出来，也可以用喻证法来增强自己的观点。

春秋时期，齐国的大夫晏子出使楚国，楚王便想借此机会羞辱他一番。于是，在面见晏子后，楚王悄悄命士兵押送一个犯人从晏子身边走过，然后他装模作样地问士兵：“你押送的是什么人？”士兵答道：“回禀大王，此人乃齐国人。”楚王又问：“他犯了什么罪？”士兵答道：“他犯了偷窃罪。”

楚王瞟了一眼晏子，故意讥讽他说：“看来齐国人天生就会做那些小偷小摸的勾当。”

晏子知道楚王是故意侮辱他和齐国，不温不火地说：“橘生淮南则为橘，生于淮北则为枳，叶徒相似，其实味不同。所以然者何？水土异也。今民生于齐不盗，入楚则盗，难道是楚之水土使民善盗吗？”

楚王听了面色尴尬，他本想借机羞辱宴子，却不料偷鸡不成蚀把米，只好称赞晏子是贤人。

晏子的回答就使用了喻证法，先不急着反驳楚王的话，而是给他讲了一个南橘北枳的故事——先说明地域会影响橘子的生长，借以比喻楚齐两国，暗指齐国人偷盗是楚国民风所致。

如果晏子没有用比喻的方式，而是直接说：“齐国人偷盗都是跟楚国人学的。”楚王听了这样的话，岂能不生气？别说是为齐国洗白了，恐怕还有被砍头的风险。由此可见，用喻证法表达自己的观点，听者更容易理解透彻，而且还不易引起冲突。

下面让我们来看这个例子：

两天前，市场部总监陆涛接到了合作公司的投诉电话，对方产品部的王经理在电话里生气地说：“上回你们公司的小李居然顶撞了我，如果你不把他撤职，那就是没有跟我公司合作的诚意。”

陆涛对小李很了解，知道他是技术型人才，一向不擅长社交之道，又最不喜欢溜须拍马那一套，这次得罪王经理估计也是无心之失。

于是，他心平气和地说：“王经理，对于小李的态度问题，是批评教育还是撤职，是我们公司的内部事务，我们不能答应您提出的要求——这就像我们没有要求贵公司撤换跟我们工作人员有过冲突的职员一样。”

王经理顿时哑口无言。

在这里，陆涛的回答就是采用了喻证法中的类比喻证。

对于王经理提出开除小李的不合理要求，如果陆涛直言“我们开除谁、录用谁，跟你没有半点关系”，只怕王经理会怒火中烧，搞不好还会在自己公司的领导面前添油加醋，说陆涛等人毫无诚意，他们公司的技术人员多么糟糕，导致这次合作终止。

所以，陆涛既要平息王经理的怒火，还要委婉地告诉他，不答应他要求的原因——虽然陆涛和王经理所在公司的制度不同，但有一点是相似的，那就是如何处理职员是公司的内部事务，这与合作诚意无关。于是，陆涛暗指，他们的职员从来没有像王经理一样，提出那种蛮横的要求，也借此敬告王经理不要再无理取闹了。

值得注意的是，尽管陆涛也是在表达自己的不满，但它毕竟不像直言相告那般带有警告成分，所以这种说话技巧是敬告，而不是警告对方。

说话高手经常会用喻证法来表达自己的观点，只要例子用得得当、巧妙，不仅能增强语言的表达效果，调动听者的兴趣，还能使逻辑思维更加清晰，提高双方沟通的积极性。

7. 设问法：答案不在回答里，在问题里

关键说话技巧

当你想达成目的时，运用设问法也是不错的选择。首先，针对目标提出一个问题，但提这个问题的目的并不是为了得到对方的回答，而是引发他对这个问题进行更深入的思考。

回想一下，你去一些消费场所，比如美容院、服装店时，服务人员是不是会问你许多问题？

“您喜欢清香型还是浓香型？”

“喜欢什么款式的服装，休闲款还是时尚款？”

“这双靴子很符合您的气质，试穿一下吧。”

“这条裙子很显白，您穿上一定很漂亮。”

“这款面膜的美白效果特别好，而且是中药成分，防过敏哦。”

通常来说，服务人员推荐的产品大多都符合我们的审美标准，因为从我们进入店面的那一刻，她们已经开始“打探”我们的喜好了：“我喜欢休闲装，深色的比较好，不容易脏。”“清香型。我是痘痘肌，一定要用防过敏产品。”所以，我们往往对她们推荐的产品没有抵

抗力，在简单的了解后，就会直接购买。

服务人员用的这种疑问句方式就是设问法，目的就在于了解顾客的需求，从而让顾客做出购买行为。

当你想达成目的时，运用设问法也是不错的选择。首先，针对目标提出一个问题，但提这个问题的目的并不是为了得到对方的回答，而是引发他对这个问题进行更深入的思考。

好朋友阿雪上大学时学的是服装设计，大学毕业后，她跟朋友一起创业，开了一家淘宝店，立志做原创“嘻哈服装”。这个概念很快就得到了市场的认可，短时间内她们就获得了一些客户。

阿雪做了几年网店经营后，觉得自己的服装品牌可以从线上发展到线下，可要是开一家服装店，成本比开网店高多了，况且她和朋友都没接触过实体店运营，搞不好还会赔钱。

朋友劝阿雪放弃开实体店的想法，好好地经营网店就可以了，但阿雪觉得现在网店竞争激烈，她们应该再找一条销路。于是，她便打算把她们的服装推荐给闹市区的一家外贸服装店。

接下来的几个月，阿雪抱着自己的服装样品跑进跑出，尽管她做了很多努力，但还是被外贸服装店的老板拒绝了。阿雪经过调查才知道，原来这家店一直在做品牌服装，而且这几家服装品牌的声望比她的品牌高多了，所以老板觉得没必要再进别家的。

知道问题的根源在哪里后，阿雪就想到了一个推销方法。这天，她再次找到外贸店的老板，开门见山地说：“我想就经营的问题给您一点建议，您可以给我 10 分钟吗？”

老板本以为阿雪又是来推销她的服装品牌，没想到，她对自己的经营理念有不同的想法。这引起了老板的好奇心，便说：“好，那你说说有什么不同的经营见解？”

接下来的10分钟里，阿雪分析了这家店的顾客定位，又跟自己的品牌进行了对比，她说：“这些品牌的服装虽然符合大众需求，但现在的年轻人都追求个性化，尤其是这两年，喜欢嘻哈音乐的人越来越多，嘻哈服装也成为一种潮流趋势……”

阿雪的话很有道理，但老板担心贸然进这种类型的服装不好销售，就提出了低价进购。阿雪答应了，给店里的进价只比生产价高两成。

阿雪在这次谈话中就是运用了设问法：先抛出一个对方感兴趣的问题，然后再引导他去思考——自己的经营理念是否存在不足。

其实，设问的用法有很多，尤其是在沟通中，只要你用得巧妙，就能让你的说服更具条理性、层次性，让谈话更加有效。

比如，甲想开一家餐厅，打算邀请乙加盟，便约他见面详谈。谈完以后，甲说：“行，今天就先这样吧，有什么问题咱们再联络！”乙客套道：“好的，有时间再联系！”

如果乙本身对投资餐饮这件事兴趣不大，那么，甲离开以后他基本不会再想这个问题。但如果甲换一种说法：“你真不打算投资餐饮吗？这件事你还是再考虑考虑。”此话一出，即使他们分开以后，甲的话也会长久地留在乙的脑海中，他会不由自主地思考：“我要不要投资呢？”

第八章

非正式沟通：非正式场合如何沟通

沟通的双方主要是为了达成一致，但大家的思想不可能完全一致，都会存在微小的差异。因此，在发生分歧的时候一定不能固执己见，而要学会求同存异，这样沟通才会有效果。

1. 注意不要得罪别人

关键对话技巧

不要轻易得罪人，这是一种自保的智慧。因为，得罪人就相当于给自己埋下了一颗不定时炸弹，不知什么时候就会把你炸得粉身碎骨。

在人际交往中，我们常常会不小心得罪某个人而不自知，因为那也许只是很小的一个细节，我们根本毫无察觉，所以觉得无所谓。但是，对对方来说，这很可能是一件有损尊严的大事，会让他心生不满。

得罪一个人的后果是非常可怕的，如果是得罪了君子倒还罢了，顶多是老死不相往来，见面如同陌路；若是得罪了小人，那么对方就会对你进行报复，严重影响到你的生活。

这并不是我夸大其词，因为得罪一个人就相当于为自己树立了一个敌人，堵住了一条出路，无异于自毁前程。所以，在与人打交道的时候，应该谨记一条原则，那就是不要轻易得罪别人。

同学周伟在一家大型企业当人力资源部经理，非常受重用，堪称老板的左膀右臂。他之所以能够受人尊敬，不仅仅在于他拥有扎实的理论知识和基础、过人的才能和丰富的经验，更在于他在职场上奉行着从不轻易得罪人的沟通策略。

正是因为他左右逢源，八面玲珑，才没有受到同事的排挤和打压，所以能够一展雄风，名誉双收。

单位里有一个叫卢毅的同事，此人业务能力很强，但长得不好看，很不招人待见，经常有人因看到他那副尊容而忍不住掩口失笑。很多同事都不屑与他交往，甚至看不起他。但是，周伟却总是对他以礼相待，尊重有加。

有一次，周伟卧病在床，同事相继前来探望，卢毅闻信也特地赶来了。周伟得知卢毅上门探望的消息后，连忙让在床边照顾他的父母和妻子退出去，只留下自己一人在房中招呼他。

等到卢毅走后，家人不由得疑问道："先前有那么多的同事来探望你，你都没有让我们回避，为什么这位同事来了，你却这么隆重呢？"

周伟看了看家人，语重心长地说："你们是有所不知啊！这个人因为长得丑，经常被人嘲笑，性情有些乖张，脾气有些古怪。如果你们见了他忍不住发笑的话，一定会引起他的恼怒，让他记恨于我。如果他将来有一天得势了，必定会报这'一笑之仇'的——到那时，没准我的日子就不好过了。"

后来果真如周伟所料，卢毅后来又陆续为公司立下几次大功，被董事长提拔为公司的副总。卢毅当上副总后，先后以莫名其妙的理由辞掉了很多业绩很差、曾经笑话过他相貌的同事，却唯独没有为难周伟，甚至还对他尊重有加。

周伟的精明老到，由此可见一斑。

生活中我们遇到的人形形色色，三教九流什么的都有，正所谓知人知面不知心，谁能保证你不会遇到一两个奸邪之徒？所以，无论是在职场中还是生活中，一定要多些心眼，说话办事周到一些，不要轻易得罪别人，否则后果就不是你所能预料的了。

在与人打交道时，如何才能做到不得罪人呢？下面有几点建议：

一、说话要有礼貌

在与人沟通的时候，一定要记得使用礼貌用语，这是尊重他人的表现，能够快速打开对方的心扉，对你留下好印象。

记住一点，礼多人不怪，人们对于礼貌的感知是十分敏锐的，你是否尊敬对方、是否出自真心地关怀对方，他都能感觉得到。所以，当别人给你机会，或者帮助、提点你的时候，不要没有感情地说一句“知道了”，一定要说一句“谢谢”。

二、不要随便指责别人

当别人犯了错误后，不要不问青红皂白就去指责他，而要先问清楚到底是不是他的责任。

面对指责，为了维护自己的面子，大多数人都会下意识地反驳你，继而引发争吵，破坏彼此的感情，留下不可弥补的裂痕。若对方是无辜的，一定会记住这次侮辱，找机会报复你。

而且，就算对方明显有错，你也最好不要直接说出来，更不能当着众人的面说出来，因为这样会伤害他的自尊心，让他记恨你。

三、控制好自己的情绪

最容易得罪人的时候，就是自己心情不好的时候，这时如果别人来找你说话，不论是想要倾诉自己的忧愁，还是分享自己的快乐，你都没有心情去回应，反而会很烦躁地拒绝。

而对方找你倾诉是因为信任你，一看到你冷着脸、不耐烦的样子，谁都会不高兴，这就会为你埋下得罪人的种子。不要以为一次两次没什么，心胸宽广的人也许不会当回事，但小心眼的人就会在心里记恨你了。

所以，一定要随时随地地控制好自己的情绪——即使心情再糟糕，也要打起精神应对别人的交谈，最起码也要好言好语地向对方表达自己的不舒服，而不要板着脸冷冰冰地来一句："现在我很烦，我不想听你说话。"

四、及时道歉

当因为自己的失误给别人带来了损失，或者误会了别人的时候，一定要及时和真诚地道歉。这样可以化敌为友，彻底消除对方的敌意。

五、尽量少用问句

很多不会说话的人在与人沟通时，会不由自主地使用反问句，比如，有人向你请教时，你这样说："这事应该这样做，我以前说过没有？"又或者："你到底能不能记住？"再比如，与朋友一起聊天时说："你看，我说得对吧？就是这样！"

这种语气和句式让人听起来就像是在责问，会让人感觉不舒服，觉得你有意见。所以，如果不想惹人讨厌的话，在说话的时候要尽量避免使用反问句，而多用客观的陈述句。

2. 说对职称才不会撞墙

关键对话技巧

称呼是与人沟通的一块敲门砖，牢记“就高不就低”的原则，才能为沟通奠定良好的基础。

在人际交往中，称呼是打开彼此交流大门的开关。恰当的称呼会让人心生喜悦，如沐春风，为彼此的沟通奠定一个良好的基础。

相反，不恰当的称呼就会让人感到不舒服，从心底里不喜欢你，为彼此的沟通挖开一道横沟——对方即使与你说话也是做样子，非常冷淡。

朋友陆远跟我讲过这样一件事：

在做执行导演之前，他做过一段时间的场记工作，每天都蹲在导演旁边，在本子上记录拍摄镜头、新增台词、特殊妆容、道具等。

影片刚开拍的时候，有很多工作人员都互不认识，所以每当有人找他的时候，就会称呼他“场记老师”，陆远就会笑着说：“我叫陆远，叫我小陆就行。”

可道具组有个女孩子很没眼力见儿，每次来找他对通告单的时候，都会说：“场记，看看你的通告单。”

陆远对她的这种行为很不爽，心想：连导演都不直接称呼我场记，你一个资历浅的新人，还对我这么不尊重！于是，陆远对她的态度越发不友善。可女孩丝毫没察觉，到后来陆远都不正眼瞧她，她也觉得很莫名其妙，直到影片杀青都不知道自己怎么得罪了他。

再来看下面这个例子：

曲啸是一位著名的演讲家，有一次他受邀到一所监狱给犯人演讲。他提前做好了一切准备，演讲稿背得滚瓜烂熟，但临上场时他遇到了一个难题，他不知道该如何称呼这些犯人。叫他们“同志”或者“朋友”不太合适，直接叫“犯人”又太过伤人——要知道那些人可都是罪犯，不说穷凶极恶，也是冷酷无情，若是一开口就得罪了他们，先不说会不会招致报复，演讲一定不会被配合。

曲啸思考了很久，终于想出了答案——他决定叫他们“触犯了国家法律的青年们”。这句称呼一出来，所有犯人都陷入了短暂的震惊中，继而爆发出热烈的掌声，有人甚至当场流下眼泪来。

毫无疑问，这场演讲赢得了所有犯人的配合，取得了前所未有的成功。

从这两个故事中我们可以发现，称呼在与人交往的过程中有多么重要——正确的、令人愉悦的称呼是交流的前提。

在称呼别人的时候，有一个小窍门要注意，那就是“就高不就低”。就高不就低的称呼是对对方的一种尊重，会让对方感到高兴，觉得受到了重视，对方自然就会打开心扉，更好地与你交流。

比如，你到菜市场买菜，遇到杀猪的、卖肉的都要叫“师傅”，不能直呼“杀猪的”“卖肉的”；遇到退休了的人，不要改口叫“先生”，而仍应按原来的职位称呼他们，比如“张老师”“刘医生”等，不能因为别人不在职位上就轻视他们。

遇到身兼多职的人，应该选择最能彰显其身份或地位的称呼，比如，对方既是司机，又开了一家小吃店，你就应该称呼人家为“李老板”，而不是“李师傅”。

这一点在职场上尤为重要，特别是对那些初入职场的新人来说，如何称呼别人是头等大事。恰当的称呼会使你快速跟领导、同事搞好关系，而不恰当的称呼则会使你受到冷落和排挤。

举个例子，小吴所在的部门有一个王经理，最近由于一时疏忽在工作中出了错，给公司造成了很大的经济损失，公司领导免去了他的经理职位，降他为副经理。

小吴刚进这家公司不久，他在第一次见到王经理时非常耿直地选择称呼他“王副经理”。王经理当时脸色就不太好看，之后对小吴的态度也非常冷淡，把重活、累活都交给他去干。

小吴明白过来后，试图改变称呼，叫他“王经理”来缓和两人的关系，但被一句“不敢当”给堵了回来。

就因为一时称呼不当，小吴得罪了王经理，以致他在这个部门奋斗了三年也没能得到提升。所以说，小称呼里有大学问，不要以为称呼是小事就掉以轻心，随便应付——一旦处理不好，影响生活事小，影响事业可就大大不妙了。

就高不就低的称呼，有以下几点小技巧值得注意：

一、职务往高了叫

在称呼别人的职务时，千万不能把对方叫低了，有时甚至还不能实打实地叫，就如上面那个例子，遇到“副”字级别的一定要把“副”字去掉，王副经理要叫王经理，张副总要叫张总。

二、辈分往高了叫

对于那些比自己大十几岁的人，要把他们当作长辈，把自己当作晚辈。尤其是在职场中，更要注意这一点。

对于那些有资历、没权力的年长者，一定要把他们抬高一些，不能以平辈相称叫大哥、大姐的——这会让他们觉得你不尊重他们。

三、“绰号”要少叫

我们在人际交往中经常会结识一些不太熟识、经由朋友介绍的人，对于这类人，一定不要自来熟地跟着朋友叫人家的绰号，那会显得你很不稳重。

能被你叫绰号的人，除了表示你们的关系非常亲密外，更说明你们是处于同一地位和年龄段的人。再像是前辈、客户等人的绰号，更不能随意乱叫。职场新人要切记不要不识时务地跟着学，这在别人看来就是不知天高地厚。

3. 求同存异，将分歧降到最小

关键对话技巧

沟通的双方主要是为了达成一致，但大家的思想不可能完全一致，都会存在微小的差异。因此，在发生分歧的时候一定不能固执己见，而要学会求同存异，这样沟通才会有效果。

沟通的本质就是达成一致，降低差异性，而最主要的目的就是要说服对方接受自己的观点。

很多时候，沟通中双方会产生分歧，没法完全达成共识。这是很正常的事，因为客观差异总是存在的，毕竟每个人的想法都不一样，都是站在自己的角度看待事情，为自己谋求利益的。

所以，沟通的前提就是要承认差异性，并在此基础上找出双方的共同点，最大限度地发挥沟通的效能。也就是说，要想沟通顺利，就要学会在交流的过程中发掘出双方需求的共同点及不同点，寻找到一种折中的、两者都能接受的方案，求同存异。只有这样，事情才能继续向前推进。

所谓“求同存异”，就是寻求共同之处，保留不同意见。简单来说，就是不因小的分歧影响到主要目的。

张新和郑武是一起创业的合伙人，两人合办的公司在经过几年的发展后，生意越来越兴旺，规模也越来越大。

张新一直主张重用那些能力出众、尽职尽责的职员，开除好吃懒做、没有作为的职员。他说，应该向大自然学习优胜劣汰的法则。

但是，郑武不这么认为，他觉得应该留下所有当初一起创业的老员工。他同样拿大自然的生态平衡举例："要想形成一座茂密、生机勃勃的森林，必然要有高耸入云的参天大树，也要有挺拔的中等树木，更要有矮小、瘦弱的小树和杂草。只有这样，才是一个完整的森林体系，才能维持森林的活力。若是只留下挺拔的大树，把矮树与杂草全都铲除的话，留下来的大树也会因为无力对抗大自然的恶劣环境，逐渐变得衰弱。"

顿了顿，郑武又严肃地补充说："经营企业要学会求同存异，如果把不合己意的人全部开除的话，就像铲除了矮树与杂草的森林一样，面临着毁灭。"

如果发生了分歧的时候，互不相让又会怎样呢？

王浩和李菲是一对年轻的夫妻，结婚不久后，两人不再像情侣时那样热恋，逐渐向现实靠拢，想着如何过日子。没了热恋期的神秘面纱，他们不再是彼此眼中完美无缺的人，争吵与分歧也就随之而来。

最先摆在他们面前的一个问题，就是吃饭的口味。他们都嗜糖如命，但王浩喜欢吃咸甜口味的食物，诸如什么蛋黄粽子、可乐鸡翅，无论吃什么他都喜欢放糖和酱油之类的咸味调料。

李菲是典型的江南女子，喜欢吃口味淡的酸酸甜甜的食物，像什么糖醋排骨之类的，就连吃面条她都要放醋。

这下好了，每次做菜，王浩要加酱油，李菲偏要放醋——他们每次都把厨房弄得像爆炸现场一样，没有一顿饭能够做得清清静静的。而且，两人谁也不服软，不知为此吵过多少次了，但就是不能按照对方的口味来。结果，他们不到半年就闹着要离婚。

因为这点小事就离婚，双方的父母那是一千个一万个不同意啊，于是苦口婆心地劝他俩。王浩心里早就有所松动，可李菲丝毫不为所动，坚称这个问题不解决，就必须离婚。

最后，王浩主动道歉，并且提出了一个求同存异的办法：首先，两人都爱吃甜口味的，这是大目标，以后炒菜出锅时只放基本调料和糖，然后盛在两个盘子里，一人一盘，再根据个人爱好选择添加酱油还是醋。

到底还是彼此的爱盖过了矛盾，李菲勉强答应了这个提议，一场离婚风波就这样解决了。

试想，如果王浩不做出让步，不去寻求共同目的，保留微小的分歧，而是坚持自己的想法就是不服软，又会怎样呢？这场婚姻就会因此破裂，那是不是太令人惋惜了呢？

在沟通的过程中，人们最常犯的错误就是以自我为中心，认为自己的想法才是正确的，而对别人的不同意见往往不会采纳，于是分歧就产生了。

所以说，沟通要注意求同存异的话，就会发现一致性会慢慢形成，差异性会慢慢变小。

4. 巧妙暗示，沟通有保证

关键对话技巧

忠言的本质是劝告别人改掉不好的行为习惯，但如果太过直接，会让人觉得刺耳，达不到目的。相反，如果巧妙地使用暗示性语言，把话说得婉转、顺耳一些，往往能够增加效力。

古人云“良药苦口利于病，忠言逆耳利于行”。可是，再好的良药一旦苦口就会让人难以下咽，很难达到利病的目的。所以，随着科技的进步，加了糖衣的药丸问世了——良药不再苦口，反而变成甜的，疗效却不减反增。

可见，良药不一定苦口。那么，忠言是否只有逆耳才会利于行呢？

有这样一个故事：一座大山上住着一位满头白发的老人，他每天都精神焕发。山脚下的居民都认为他是智者，有先知的能力，所以都非常尊敬他，一遇到解决不了的难题就会上山找他，希望他能给出一些好建议。

一天，一位年轻人来到老人面前倾诉，说自己每每向别人提忠告却总是得不到重视，有时甚至还会引起别人的愤怒，大家因此都疏远了他。但是，他尤其喜欢“助人为乐”，看见别人哪里有问题就会不由自主地直接说出来。他想知道，怎样做才能让别人接受他的建议。

老人听后，思索了一会儿，露出一个会心的微笑。然后，他找来一块木条、一把锤子、一把螺丝刀，还有两枚钉子：一枚是带有螺纹的螺丝钉，一枚是光滑笔直的直钉。

老人来到年轻人面前，让他先用锤子往木条上钉直钉。年轻人不明所以，但还是照做了。木条非常硬，年轻人费了很大劲也没能钉进去，反而把钉子砸弯了，木条也有点开裂。

然后，老人又让他换一种方法，改用螺丝刀拧螺丝钉。年轻人先用锤子把螺丝钉砸进去一点，然后拿起螺丝刀拧了起来，结果没费多大力气就把螺丝钉钻进木条里了。

老人问他：“你明白了吗？”

年轻人看着手中的木条，若有所悟。

老人笑道：“我没有什么建议，只有一条经验告诉你：你用锤子砸钉子跟木条硬碰硬，结果呢？两败俱伤。可是，改用螺丝钉不费太大的力气就能拧进去。说话也是这样，有时候像螺丝钉一样曲折一点，反而更容易让别人接受。”

再看一个现实中的例子：小安是某装饰设计公司分公司的职员，工作能力强，业绩优异，是老板的得力助手。她所在的公司有一个特别规定：凡是在总公司表现出色，即将被升为部门领导时，都要被分配到分公司历练一番。

这年春节过后，总公司就分配来了一位部门经理。小安在公司里有一位特别好的朋友丽丽，因关于一家酒店设计方案的不停修改，她对这位经理有了意见，就去质问不满意的原因，没想到两人误打误撞反而成了朋友。之后，他们一直没有什么进展，直到经理任期快要满了，两人才成为男女朋友。

小安对丽丽的感情非常不看好，她觉得经理之前有那么多的时间都没有任何表示，却在马上离开的时候才表白，一看就不是认真的，像是逢场作戏玩玩而已。而且，因为她业务能力比较强，经常与总公司的高层有所接触，得知这位经理的人品并不怎么样，与很多异性有过暧昧关系。

为了不让好友被骗，将来受伤，小安于是找到丽丽，直接把这些事和自己的想法告诉了她，并直言："我觉得你们很不合适，他一看就不是什么好人，肯定不是真心对你的，你还是分手比较好。"

但是，丽丽根本不听，依旧我行我素。小安指出她男朋友的所作所为，语重心长地多次劝说她有可能受到伤害，但都没有起到任何效果，两人反而为这事经常吵架。

小安最后失望了，不再劝说丽丽，两人的友情逐渐变淡，每天见面也不说话了。事实是，丽丽在几个月后就尝到了苦果。

可见，良药有时候不必苦口，忠言有时候不必逆耳。苦口良药、逆耳忠言都是笨人用的笨方法——硬碰硬有什么好处呢？那只会让听的人生气、劝诫的人上火罢了。最后，不仅对方没听进去，还伤了彼此的和气，何必呢？

试想一下，如果你的好朋友兴高采烈地向你展示他新买的一件衣服，谁都看得出这件衣服不适合他，但为了让他高兴，不破坏他的兴致，大家都夸赞他——结果你耿直地走上前，告诉他：“你穿这件衣服很老土，丑死了。”对方会怎么想?

再如，你的老板最近买了一些墙画，想法是好的，但他的眼光实在有些糟糕，挂在办公室里有点不美观。同事们为了在老板面前留下好印象，都一个劲儿地夸他眼光好。结果，你当着所有同事的面直言不讳地说：“这些墙画一看就很廉价，挂在办公室里很没品位。”你的老板会高兴吗？他在以后的工作中不挑你的刺儿才怪。

所以，在任何时候都不要直接向别人提忠告，更不要说不中听的大实话，那在别人听来都是非常刺耳的——要像拧螺丝钉一样委婉一些，这样你的人际关系才可能和谐。

5. 先肯定后否定，赢得对方的信任

关键对话技巧

有时候，太过直接的否定和拒绝会伤害对方的自尊和自信，给他留下不好的印象，甚至引起争吵。如果能够用欣赏的眼光看待对方的建议，肯定他值得肯定的地方，再指出他不好的地方，就会赢得他的信任，让沟通事半功倍。

我们都知道，沟通是为了取得对方的信任，说服对方，与你达成

一致。但是，在日常工作、生活和人际交往中，我们经常会遇到与自己存有不同意见的人。

在无法同意对方观点的情况下，如果我们直接说“不”，否定对方的意见，就会惹得他不高兴，认为你在故意与他作对，失去赢得对方信任的机会。

所以，在与人沟通的时候，我们一定要想办法先赢得对方的好感，比如赞赏他的某些想法，这样才能有机会继续交谈下去，达到沟通的目的。

但是，什么都赞同的“好好先生”并不是所有人都欢迎的对象，对于别人的想法和意见统统都说好、统统都赞同的人，会给人一种没主见的印象，让别人觉得他没能力，缺少胆魄。

美国社会心理学家哈罗德·西格尔研究发现，当一个人在做某项非常重要的决定时，与得到大多数人的赞同相比，他更愿意得到一个人的反对。因为，反对的声音会让他更冷静地进行思考，并且能够在说服反对者的过程中让他更加完善自己的意见。

那么，我们到底应该如何做呢？

最恰当也最合适的做法，就是先肯定、再否定对方的说法。先肯定对方的说法，然后再用“但是”“不过”这样的转折词进行转变。如果你一开口就是“你的想法不对”，那么对方肯定不会听你的。

你的肯定会让对方受到激励，产生继续听下去的愿望，使沟通得以顺利的进行。并且，你的认同会让他觉得找到了同道中人，对你产生好感。继而，你再委婉、含蓄地指出对方的不足之处，就会让他觉得你是真心为他着想，他就会认真思考你的建议，理智地与你进行讨论，而不是固执己见、唇枪舌剑地与你针锋相对。

这样一来一去，对方就会觉得你是值得信赖的，沟通也就越来越顺畅了。

我高中时的班主任刘老师是一位资历很深的老教师，每年在学校“最受学生喜爱的老师”排行榜上她都名列第一位。她带出来的学生都非常爱戴她，逢年过节到她家拜访的学生络绎不绝，这让很多同事都感到羡慕。于是，便有人忍不住向刘老师请教赢得学生爱戴的秘诀是什么，刘老师笑而不语，只是邀请同事去听她的公开课。

刘老师的公开课上，坐满了学生和前来听课的老师。在上课过程中，刘老师始终保持和蔼、真诚的微笑，学生也不像其他班级一样需要点名才不情愿地站起来回答问题，而是每个人都很积极、热情，即使说的不对也不会灰心丧气，反而愈战愈勇。

一旦学生回答出正确答案，刘老师就会毫不吝啬自己的赞美：“你的回答真是让人意外！”“你真聪明，我还没有想到这个答案呢！”“回答得棒极了！”

有些听课老师便在私下里小声议论：“难道这就是赢得学生爱戴的诀窍吗？”“我也一直赞扬我的学生呀？可是，为什么我没得到所有学生的喜爱呢？”

看来答案不止如此。一些细心的老师发现，有些回答的不详细或者不对的同学，刘老师也并不是一味地批评，而是会先找出他们好的点进行表扬，再委婉地指出他们不够好的地方。

所以，冷冰冰、硬生生诸如此类的话不会发生：“你怎么那么笨？”“这么简单的题目都不会做，你是不是上课不带脑子？”“你认真看题目了吗？你的答案跟题目一点边都沾不上，你到底是怎么想的？”

比如，一名学生回答完诗词鉴赏问题后，刘老师这样说：“你回答得真棒，说得非常好，把人物的思想感情描写得很细致。但是，我觉得有一点做得还不够好，你自己发现了吗？”

“是的，老师，我忽略了环境描写。”学生想了一下说道。

“没错，但你下次会注意的，是吗？”

“当然，我一定不会忘记这点的。”这名学生肯定地回答，丝毫没有觉得难堪、胆怯。

在刘老师的课堂上，所有回答问题不好的学生不会受到她的责骂，而是会受到肯定，受到赞扬，然后是仔细、耐心、温和的分析。

下课之后，同事们议论纷纷，终于明白了自己与刘老师之间的差距：他们遇到学生犯错的时候，只会怒其不争，奚落他们，或者听之任之，不给同学去分析错误和失误的地方。

他们从没有想过要先从正面肯定同学们的努力，然后再温和地指出不足之处，结果就导致了学生害怕与老师相处，不信任老师，有问题也不主动找老师的局面。

而刘老师能够从正、反两面来说话，先说学生好的方面，再说他们不好的方面，让他们感受到了尊重和肯定，积极性也得到了提高，她也赢得了所有学生的信任。

6. 用热情打动别人，让对方侃侃而谈

关键对话技巧

热情是人际交往中的一剂良药，能够快速地打动别人的心，架起沟通的桥梁，获得对方的好感，还可以有效地化解尴尬。

在人际交往中，热情的沟通态度有着非常多的好处，它能使沟通的氛围变得积极、活泼，让交流的双方时刻洋溢着会心的笑声，使双方的心情变得宽松、愉悦，感到如沐春风，还可以拉近距离，有利于改善僵化的局面。

待人接物都保持热情、真诚的态度，会为你的人际关系打下良好的基础，使沟通变得更加顺畅，为你赢得友谊。

就拿最简单的打招呼来说，一个灿烂、真诚的微笑，一声亲切、关怀的问候，就能够开启彼此沟通的大门，增加交流的机会。尤其是对于服务、销售类的工作者来说，一句热情洋溢的问候就能够让顾客心里暖暖的，让你与陌生的顾客变得热络起来，建立更和谐的朋友关系。

小贝是大卖场里一家时装店的店员，一天中午，她像往常一样站在门口负责迎宾。没多久，就走过来一位女士，小贝忙露出发自内心的微笑："您好，有什么可以帮助您的吗？"

女士边环顾店里的商品，边说想买一条裙子。小贝听了，热情地说："您来得真巧，我们店里今天刚刚上了很多换季的新裙子，请跟我来。"

小贝给客人挑选了几身非常符合她气质的裙子，看得出来她都很喜欢，但还没等她决定买哪一条，她就被一个电话叫走了。临走时，女士说裙子都很好看，下午会带着朋友一起来帮她选一条。

下午的时候，小贝看见中午那位女士在不远处的通道上来回转悠，还不时地看表。小贝想，她一定是在等中午说的那个朋友了。

小贝看她一副百无聊赖的样子，便走过去微笑着打招呼："小姐您好，您的朋友还没来吧？不如先进店坐一会儿，喝点水。"

女士听了小贝的话，迟疑了一下便走进了店里，顺着小贝的引导坐在了休息区的沙发上。小贝给她倒了一杯水后，就把当月的时装杂志递给她，在招呼其他客人的间隙时不时地还会跟她聊几句。

女士一开始还比较拘束，不怎么讲话，后来在小贝的热情感染下，话逐渐多了起来，两人聊得非常开心。过了没多长时间，女士的朋友来了，小贝主动把中午看好的几条裙子都拿了过来，最后她在朋友的肯定下愉快地购买了其中的两条。

打那以后，这位女士便成了小贝的老主顾加朋友。有次吃饭时，女士对小贝说："那次我等朋友却总也等不来，正犹豫着要不要先去别的店里逛一逛，幸亏你热情的问候把我留了下来，要不然的话，我就错过一个好朋友了。"

可见，热情可以给我们的沟通带来美好的意外。

热情的人在朋友圈子里往往很受欢迎，因为他们能很好地调动气氛，容易相处，让人感觉被重视、被欢迎。但是，凡事都有度，热情也一样，过犹不及——有时候热情过头了效果也不一定好，甚至可能适得其反。

比如，我们都会有这样的购物体会：去逛商场的时候，专区营业员非常积极地为你服务，寸步不离，扯着大嗓门为你讲解这个怎么好，那个怎么实惠，或者免费试吃，或者拉着你的手免费试用。

这就是热情过头的表现了。营业员积极服务当然好，但也要让顾客有自己浏览的空间，如果一直追着对方不放，在人耳边聒噪个不停，看起来好像热情有加，其实很容易把人吓跑。

周末，周先生携家人到某酒店用餐。他比较喜欢清净，就找了一个不怎么显眼的地方坐下来。刚一入座，就有一名服务员热情地前来为他们服务。

服务员利索地为他们铺好餐巾，摆上餐具。做完这一切后，服务员并没有离开，一直到开始上菜了，还站在一旁声音甜美、热情地一个接一个地为他们报菜名。报完菜名后，她居然还没有离开，而是微笑着上前来为他们布菜、盛汤，像是虾呀、鱼呀之类的菜还帮他们去壳、去刺。

周先生觉得有些别扭，但知道这是酒店的规矩，便没有出声。但是，接下来服务员的热情让他有些受不住了——当周先生喝完汤之后，服务员又帮他盛了满满一碗，还热心地提示这种汤要慢慢品才好喝。

等到他慢慢品完这一碗，服务员又给他盛了第三碗。

服务员的热情实在让周先生有些透不过气来，最后他匆匆吃完饭便带着家人离开了，后来再也没光顾过这家酒店。

这就是热情过度的典型案例。热情过度了，就会妨碍对方的自由，让他觉得束手束脚，别扭不堪——对方不仅不会领情，还会感到厌烦，甚至落荒而逃。

7. 聊天时，让对方说出想说的话

关键对话技巧

倾听是尊重的一种表现形式，善于倾听可以赢得对方的好感，加强彼此之间的沟通，形成良好的人际关系，使沟通更高效。

大多数人都默认沟通中的主体是自己，因此在与人沟通的过程中会滔滔不绝地说个不停，借此表现自己多有学问似的。

事实恰恰相反，沟通的真正主体应该是对方。换句话说，在沟通中重要的不是你如何说，而是如何让对方说。你的想法并不重要，自说自话不会有良好的沟通结果——只有让对方说出他想说的话，才算完成了沟通任务。

上个月，阿雪结束了自己一年多的恋情，并在朋友圈发文说："2018 年，分手快乐，好好工作。"

我问她："为什么选择分手，你们不是很搭吗？"

阿雪反问我："你觉得我跟他哪里登对？"

从外表上来说，阿雪瓜子脸、大眼睛，很漂亮，男朋友也是高大帅气；从职业上来说，阿雪是英语教师，男朋友在银行工作；从家庭条件上来说，阿雪家在市区，男朋友也是同城。总之，无论是样貌、职业，还是家庭，两个人都不相上下，是大家眼中的金童玉女。

可阿雪却说那些都是表象，他们根本不合适，其中最大的问题是，即使在两人最如胶似漆的时候，男朋友也只活在他自己的世界里。

"有一次，我对他说我额头上起了几颗痘痘，他表情淡淡的，反过来告诉我今天的股市涨了几个点；我跟他说，班里有个男学生很调皮，总是问我一些奇怪的问题，他却不以为意；我跟他讨论《吸血鬼日记》的新剧情，他一点都不关心，只专注于那些理财产品……

"类似的事情还有很多，虽然我跟他在交流，可他对我说的话总是无所谓的感觉。我不要求他迎合我的喜好，可最起码也要尊重我呀！"

其实，不只是情侣之间，在与同事、朋友的交往中，如果你在表达自己的感受时，对方却忙着自己的事情——我想，即使一个话再多的人，此刻也不想多说一句了。

安静倾听是最基本的礼貌，能够让对方觉得自己受到了重视，从而会对你产生好感。更重要的是，这会让你有充分的时间去冷静思考，了解对方的真正想法，以便随时更改思路，更好地劝说对方。

但是，生活中很少有人会注意到这一点。平时聊天，总是会有人不断地抢话，打断别人的交谈。甚至几个人聚在一起的时候，更是一个比一个能说，他说一句被你打断，你说一句被他打断，然后每个人的表现欲更胜，叽叽喳喳地说个没完，看上去就像在吵架一样。

这样的沟通能有效吗？

真正会沟通的人，不仅能说得恰到好处，更擅长于倾听——不仅用耳朵听，更是用心听，去听对方真正的意图，听自己最需要的信息。只有对方说得开心，说得高兴了，这场交谈才算得上成功。

有一点要注意，倾听虽然是“听”，但它并不只是被动地接受，也是一种主动的行为。

倾听者还担当着引导者的角色，当倾诉者的话题跑偏了，不着边际的时候，你要适时地把话题拉回来；当倾诉者情绪激动、思绪混乱，说不出话的时候，你要适时地抛出问题，让对方找到重点。

倾听者才是始终掌握主动权的那个人，他并不只是机械地竖起耳朵听，左耳进右耳出，而是心随耳动，脑子时刻在运转——跟上倾诉者的脚步，恰当地给予回应，使谈话步步深入，就可以达到你想要的目的。

由此可见，要想成为一个好的倾听者也不是一件难事。参照下面几点建议，可以更好地帮到你：

一、站在对方的角度，设身处地地为他着想

有些人比较自我，如果非要让他变成一个低调的人，看着别人在表现，他就会情绪低落。所以，要想成为一个好的倾听者，第一步就是要学会控制自己的情绪，站在对方的角度想问题。这样可以帮助你理解对方，赢得对方的好感。

二、不能光听，回应要积极

倾听虽然以听为主，也要给予对方一些回应，证明你在听。但是，为了不打断对方的思路，要尽量避免使用有声语言，而应多用身体语言来进行回应。比如，赞许的眼神，和善的微笑，竖起的大拇指，不太同意的皱眉和摇头等。

这样，对方就会明白哪里出了问题，又不会被打断思路，节省了彼此的时间。

三、要有耐心、有重点地听

倾听的主要目的是为了理解对方的观点，所以倾听时一定要有耐心，不能有所遗漏，不要表现出烦躁，这是很不尊重人的表现。

在听的过程中也不能走神，要注意整理出一些重点、细节和需要推敲的地方，确保理解无误。

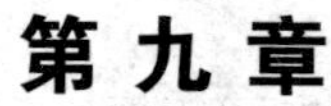

第九章

家庭沟通学：幸福生活的调味剂

当发生冲突、矛盾时，我们要先让自己平静下来，尝试着理解对方的感受，然后再协商解决办法。当我们能做到从对方的角度思考问题时，就能轻松地理解、宽容他的错处。

1. 婚姻潜伏的“危”与“机”

关键对话技巧

沟通是解决婚姻问题的第一把钥匙，也是最重要的钥匙，它可以揭露夫妻之间存在的问题和矛盾，然后以平和的方式解决矛盾。

所以，无论多忙，夫妻每天都应该进行一次交流，即使对方累得不想说话，也要进行拥抱、亲吻之类的肢体交流，因为，有时一个无言而体贴的拥抱就可以让矛盾消散于无形。

夫妻关系是需要经营的，不要以为结了婚就万事大吉，对方就会一直这样对你好下去，和你在一起一辈子——不好好经营的婚姻往往会面临破灭，而经营婚姻的关键就在于沟通。

婚姻是一门艺术，是夫妻两个人的成长，需要一起维护。这就需要双方必须有交流，只有经常沟通才能明白对方的想法，更加理解对方，避免误会和争吵，让夫妻双方的关系更加融洽。

沟通是解决婚姻问题的第一把钥匙，也是最重要的钥匙，它可以揭露夫妻之间存在的问题和矛盾，然后以平和的方式解决矛盾。所以，无论多忙，夫妻每天都应该进行一次交流，即使对方累得不想说话，也要进行拥抱、亲吻之类的肢体交流，因为，有时一个无言而体贴的拥抱就可以让矛盾消散于无形。

但是，经过初期的热恋以后，当爱情随着时间的侵蚀而逐渐变得淡然无味时，夫妻之间就很少会有沟通了。有了分歧不去交流，有了裂痕不去弥补，而是各执己见，互不干涉，逐渐变成没了爱情，只是一起搭伙过日子，夫妻关系就成了早晚才能见一次的“室友”。

这种没有爱情的婚姻，怎么会有好的沟通呢？所以说，一个高超的沟通者在婚姻中应该是一名“厨师”一样的存在，能够适时地调剂生活，保持爱情的新鲜度。

年初，魏薇和阿勇离婚了。尽管亲友再三相劝，但魏薇坚持要结束这一场枯燥乏味的婚姻。她对我说，拿到离婚证的那一刻，她获得了前所未有的轻松。

魏薇和阿勇是经朋友介绍认识的，两个人相处了一段时间，对彼此的性情都挺满意，就步入了婚姻的殿堂。可新婚以后，激情似乎开始消退了，两人之间开始出现大大小小的摩擦，积攒下来竟然发展到了离婚的地步。

原本朋友们都以为魏薇一心要离婚，是因为阿勇做了什么伤害她的事，比如辱骂、家暴、婚外情等，现实是，魏薇只是觉得无法与老公正常交流。

魏薇叹气说：“有一次，我给他买了一件保暖内衣。他穿上以后，我问他，这件衣服暖和吗？他告诉我，新的肯定比旧的暖和啊。其实，我真正想知道的是这件衣服暖和，还是上次买的那件衣服暖和。我重新问他以后，他却说，没法比较，新衣服当然暖和了。

“晚上我炒了两盘菜，一盘辣炒白菜，一盘香菇油菜。我问他哪道菜更好吃，他指着买回来的酱肘子说这个好吃，香。

“我跟阿勇说，让他多把心思用在工作上，我们要尽量提高生活水准。他却说：‘我现在挣的钱不够花吗？你跟我过日子委屈了？’总之，这两年我越来越觉得自己在对牛弹琴，根本没有办法跟他沟通。这样的婚姻，我一天都忍受不了。”

其实，魏薇和阿勇婚姻的失败，最根本的原因是他们不懂得爱对方、包容对方。新婚时，两个人依靠激情过日子，可等激情消退以后，两个人都不去欣赏对方的优点，这才导致二人越发无法沟通，最后以离婚收场。

有人说，只有建立在相爱基础上的沟通，才是真正有效的沟通。要想让爱情保鲜，以下几点小窍门需要去掌握：

一、忠诚

爱与幸福的前提是忠诚，忠诚也是婚姻的底线——一旦越过这条线，再深的爱情也会荡然无存。

这个世界的诱惑太多，一定要学会保持理智，守住对爱人的忠诚，否则只能伤人伤己，得不偿失。

二、尊重对方

尊重是交往的前提，要想使婚姻稳固，最重要的一条就是尊重对方。你尊重对方，对方才会尊重你——彼此尊重，地位才会平等，说话才有用。

值得注意的是，你不仅要尊重对方，更重要的是要做到爱屋及乌，尊重对方的父母、兄弟、姐妹以及亲朋好友。如果你瞧不起对方的家人，对方就会因此疏远你、冷落你，使你陷入孤立无援的地步，导致婚姻出现裂痕。

三、体贴对方

当对方下班回家后，为他及时递上一杯水；当对方睡着时，轻轻地为他盖上被子；当对方遇到工作上的挫折时，不说有损尊严的话，而是好好去鼓励他；当对方心情不好的时候，不与他一般见识，想办法帮他解开心结；当对方开心的时候，陪他一起笑；当自己忧愁的时候，暂时不向对方倾诉，别让他与你一起陷入低迷的情绪中，要找到合适的时机再说。

体贴是关心人的最好方式，也是最能让人感觉到爱意、离不开你的方式。夫妻之间的爱不是体现在嘴上——动辄说什么“我爱你”，这根本证明不了什么，而是体现在生活的体贴上。

体贴是爱情的润滑剂，可以让对方感到放松，对你越来越爱。

四、适当地嫉妒

嫉妒有时不是一件坏事，它是爱人之间的情趣，偶尔吃醋会让对方感受到你对他的重视，满足他的自尊心和虚荣心。它是证明爱存在的一种方式，一个不会为你吃醋的人，能说是爱你的吗?

当然，这种嫉妒不是无端地猜疑，更不是疯子式的胡搅蛮缠，应该是恰到好处、合理地彰显主权。

五、偶尔制造惊喜

虽然说细水长流的平淡婚姻才能长久和圆满，但平淡不等于索然无味，不等于波澜不惊——否则，婚姻就会变得死气沉沉，走向另一个极端。

偶尔给对方制造一些惊喜，比如约会时换一个花样，去向往的地方游玩；偶尔送一件小礼物；就算是一场无关痛痒的吵架，也要保持彼此的新鲜感和神秘感——让对方对你充满期待，而这期待就是他对你的爱。

六、适时地撒娇

没有任何一个男人能够抗拒女人的撒娇，偶尔的任性和耍小脾气可以增加感情的甜蜜度。当然，撒娇不是女人的专利，有时男人放下姿态装可爱，会让女人更加动心。

七、主动去爱

有些人对爱情的理解出现了误区，他们认为爱就是“被爱”，一心想着自己应该怎样做才能让对方更爱自己，却不是主动去爱对方。

有时候就算你把自己变得再完美，再惹人怜爱，但你丝毫没有表现出对对方的爱，那么对方再有满腔热情，都会被你浇熄的。

爱情是相互的，你只有主动去爱，才能获得爱的回应。

八、欣赏对方

夫妻与恋人的最大区别就在于，处于恋人的位置时，眼中看到的都是对方的优点；而成为夫妻后，看到的就只有缺点了。所以，学会欣赏对方，多多赞美对方，会让夫妻感情更加浓厚。

沟通与爱情的作用是相互的，爱情要靠沟通来维护，而只有建立在相爱基础之上的沟通才更有效果。

2. 每个人都有自己的个性，不要尝试改造你的伴侣

关键对话技巧

好的伴侣不会只觉得自己是正确的，他会懂得包容，接受对方的缺点——这样的婚姻才会更加和谐、幸福，交流起来才会更加顺畅。

贾姆说：“跟人们交往，第一件应学的事，就是不干涉人们自己原有的那种特殊快乐的方法。”夫妻之间更是如此。

不要试图轻易地去改变对方，这往往会让你们的关系变得疏远。你只有尊重伴侣的一切，不强行改变他，给他足够的空间，他才能越来越有自信，你们的关系才能始终融洽、甜蜜。

我认识一位非常干练的企业家马总，他在而立之年还是孤身一人，并曾放言自己不会为了爱情而结婚。

两年后，就在所有人都认为他将终生不婚的时候，他向一个比他大八岁的女人求婚了，因为他的公司遇到了资金方面的问题。

所有人，包括被求婚的当事人都觉得马总是因为要资金周转才娶她。大家都认为，他们的婚姻没有幸福可言。但是，出乎所有人意料

的是，他们的婚姻在朋友圈中算得上是最美满的婚姻之一。

马总所迎娶的这位寡妇既不聪明也不漂亮，更谈不上有气质，不过她继承了前夫的遗产，就是有钱。相反，她缺乏常识，谈吐非常粗俗，常常会犯低级错误。但就是这样一个女人，却能够让如此睿智的一位大商人甘心与她生活一辈子，并且细心照顾她，处处维护她。

她从不让自己与丈夫的意见相悖，即使自己的想法和丈夫不同也不会去跟丈夫争吵，而是说服自己顺从丈夫的想法。凡是丈夫想要做的事，她都支持、鼓励，并且相信他一定会成功。这样，丈夫疲惫地回到家后，会感到安宁和舒适。

她不会刻意要求丈夫为她做出一些改变，什么早点回家、少喝些酒之类的话她从来不说。在她心中，丈夫的一切行为都有道理，即使是一些她看不顺眼的行为，她也不会要求丈夫去改掉，只要丈夫觉得高兴就可以了。

可见，婚姻的成功不在于能否找到一个合适的人，而在于自己能否成为合适的人。如果你想有一个幸福、美满的家庭，那么就应该牢记一点：不要去尝试把伴侣改变成你心目中完美的样子。

在婚姻中，很多人都觉得对方的一些习性让人难以忍受，如果对方变得跟自己一样就完美了。但是，将对方塑造为理想爱人的模样是毫无意义的，这种意图是一种冒犯，等于在告诉对方：你是一个失败的人，只有变成我喜欢的模样，这段婚姻才有意义。

这些尝试是非常愚蠢的，不但会伤害到对方的自尊心，打击他的自信，甚至会引起他的抵触和怨恨——这对婚姻来说是致命的。

如果你足够细心，就会发现在现实生活中，夫妻关系不和睦的家庭都存在一个通病，那就是夫妻中的一方总是试图去改造另一方，把对方变得合乎自己的心意。带着这种意图的人，大多以自我为中心，总是想让对方顺从自己的意愿，按照自己制订的目标去发展——一旦稍有不从，就会责骂。

殊不知，这种行为会给对方造成很大的心理压力。

鲁迅说：“不在沉默中爆发，就在沉默中灭亡。”伴侣施加的压力过重，要么会让对方感到自卑，觉得自己一无是处，从此像泥人一样失去气性，逆来顺受；要么就会在他心中埋下怒火，引发他的反抗心理，直到有一天完全爆发。

无论哪一种结果，都会破坏家庭的和睦，让家庭失去轻松、愉快的气氛。

当然，夫妻是要在一起生活一辈子的，磨合、调整和适应是必不可少的——但是，聪明的伴侣不会想着如何去改造对方来迎合自己，而是如何去适应对方，寻找生活的乐趣。试图改造只会显得你强势，让对方的自尊心受挫，影响夫妻感情。

如果你坚持“我要把你变成我想要的样子”的想法，你就是在自找没趣，自寻烦恼。你要清楚地认识到一个无情的事实：对方即使再爱你，但也要保护自己，不可能为了你的私欲而让自己不快乐。

没有人需要你去改造，你只能改变自己。

3. 争执不伤感情，尽量给对方提供“台阶”

关键对话技巧

给对方台阶下就是给自己台阶下，幸福与你有时就差一个台阶的距离。

夫妻是要相互扶持、走过一生的人，是彼此最亲近、最信任的人，应该是对彼此毫无保留，什么问题都可以谈、可以商量的关系。

但是，现实中并不全是这样，他们往往会因为一些鸡毛蒜皮像是“凭什么是我洗碗，你怎么不去”“我跟你说话呢，你为什么不回答我”“今天做的菜怎么这么难吃”之类的小事互相争吵，各不相让，谁也不愿意服软。

可是，吵完之后日子还得接着过，于是就会变成冷战，谁也不理谁，最终再次走进民政局——离婚完事。

其实，当两个人在一起生活得久了，难免会产生这样那样的问题，因为没有两个人的思考方式会绝对相同。但是，严重的是，就因为相互都不愿承认错误，给对方一个台阶下，最终导致裂痕越来越大。

当夫妻间出现矛盾的时候，只要保持冷静，互相给彼此台阶下，就会很轻易地化解矛盾，否则就只能眼睁睁看着婚姻走到头。

小明和晓云是一对新婚夫妻，买房之后，晓云想把墙刷成蓝白相间的颜色，这样会显得素雅又大方。小明本来也答应了，但到了动工的那一天却突然反悔了，他说看到别人家把墙刷成了紫色，特别漂亮，特别浪漫，就也想把墙壁刷成紫色。

小明询问晓云的意见，晓云的脾气一向不好，当时就非常大声地说自己不同意，还说了他几句。

小明平时脾气挺好的，一直让着晓云，但这天当着那么多装修工人的面被老婆骂，觉得面子上过不去，便也生气了："我好声好气地跟你商量，你那么凶干吗？"

晓云看到一向顺着自己的老公竟敢顶嘴，不禁火冒三丈便吵了起来。最后，她一怒之下，口不择言地说出了"离婚"二字。话一出口，她便有些后悔了，觉得自己小题大做，但道歉的话怎么也说不出口。

之后，两人陷入了冷战，一整天都没说话，在家里各做各的。快到傍晚的时候，晓云感到有些饿了，便去厨房看了看，发现没有可以直接吃的东西，而且她还不怎么会做饭。

这时候，小明走过来，用淡淡的音调问："饿了？"

晓云点点头。小明又问："那我去给你做饭？"

晓云又点点头，二人这就算是和好了。

小明借着晓云肚子饿的机会，适时地给了她一个台阶下，这才让两个人重归于好。如果他当时不闻不问，或者冷嘲热讽，两人之间的战争一定还会持续下去。

学会给对方台阶下，主要有以下三点：

一、用幽默缓解冷暴力

一旦发生争吵后，两人都下不来台，最好的办法就是用调侃和幽默来让对方破涕而笑，转怒为喜——这样，自然而然就给对方提供了台阶。

彤彤和小刚是一对非常恩爱的夫妻，结婚七八年了感情依旧很好，所谓的“七年之痒”并没有对他们造成什么影响，这一切都是因为每次他们一吵架，小刚都会主动给彤彤提供台阶。

有一次，他们又因为孩子的事吵架了，彤彤直接说：“离婚！”

小刚听了，一点也没放在心上，照样懒洋洋地躺在沙发上看电视，并且轻飘飘地说：“好啊，法院就在我们家前面不远，需要我告诉你法院门往哪边开吗？”

彤彤听了非常生气，瞪了他一眼回到卧室，去写离婚协议书。

小刚见她半小时都没出来，晃悠悠走到卧室门口，问：“这么长时间没动静，你在里面干吗呢？不会气得自杀了吧？”

彤彤听了也不生气，把写好的离婚协议书得意地拿给他看。

小刚看过之后，一本正经地说：“一看就知道这是失传已久的‘彤彤体’，看这一撇一捺，写得实在是太棒了，太有收藏价值了，我必须得收起来，留作传家之宝。”

彤彤听他在一边胡说八道了半天，实在没忍住就笑了出来，吵架风波也就随之烟消云散了。

这就是小刚的高明之处，无论之前他们吵得有多厉害，彤彤最后都会被他的幽默弄得“前功尽弃”。适当的幽默是给对方提供台阶的最佳手段，小刚的幽默不仅给自己解了围，还让盛怒中的妻子找到了顺阶而下的机会。

二、装可爱，耍赖皮

这一招适合犯错的一方用。在发生争吵的时候，如果是你有错，适当地耍赖皮、装可怜、扮无辜，对你的爱人最有效，能直击对方的心。对方一看到你故作可怜的模样，就知道你是在讨好他了，自然就会顺着台阶下来。

三、利用对方的虚荣心恭维他

伸手不打笑脸人，每个人都喜欢听好话，尤其是在对方生气或者难过的时候，一句恰当的美言就会缓解他的坏情绪。夫妻之间的问题很多时候都是小问题，所以不要太在意谁对谁错，也不要太在意谁赢谁输——需要的是给对方提供一个台阶，促进彼此的良性沟通。

4. 同理心是共鸣沟通的润滑剂

关键说话技巧

当发生冲突、矛盾时，我们要先让自己平静下来，尝试着理解对方的感受，然后再协商解决办法。当我们能做到从对方的角度思考问题时，就能轻松地理解、宽容他的错处。

最近，莉莉和老公汪旭一直在冷战，谁也不理谁。原来，汪旭前段时间休息的时候带孩子去游乐场玩，一不留神，孩子摔下台阶，脑袋摔破了，流了很多血，还去医院缝了好几针。她当时赶到医院看到孩子的伤口，就忍不住流下泪来。

孩子原本光滑的额头留下了缝合的印记，莉莉无论如何都不能原谅老公。这也难怪，汪旭平时工作很忙，很少照顾家庭，孩子出生后一直都是莉莉一个人照顾的，她自然把孩子当成了掌上明珠。

看着孩子额头上的伤疤，莉莉责怪老公说：“你是怎么看孩子的？你也配当爸爸吗？”

莉莉的话像一把尖刀刺入汪旭的心里，他意识到自己对这个家的贡献太少了，也意识到莉莉心中对他的抱怨。幸好，孩子年纪小，伤口愈合能力强，很快就长好了，但莉莉和汪旭之间的感情裂痕却始终没有复原。

每当看到孩子额头上的伤疤，莉莉就想起汪旭的失职。汪旭呢，每当看到孩子额头上的伤疤，就会想起莉莉对自己无情的责备，夫妻两人的感情开始有了隔阂。但是，当汪旭想到妻子这么多年放弃了自己的事业和梦想，一心在家相夫教子，不由得觉得妻子好辛苦。

这天，汪旭出差回到家，看到正在厨房忙进忙出的妻子，心里觉得十分内疚。

晚饭后，汪旭对莉莉说：“老婆，我想了想，也不挣这驻外的补助和高工资了，我觉得还是申请调回来吧，这样也能帮你分担一些，你也不用那么辛苦了。”

莉莉听后十分动容，对汪旭说：“老公，我那天情绪太激动了。你也为这个家付出了很多，要不是你这些年孤身在外，我和孩子不可能住上大房子，也不可能有这么好的生活条件……”话说到这里，莉莉和汪旭全都动了感情，想起结婚以来的点点滴滴，他们都不胜感慨。最终，夫妻俩一致决定让汪旭调回来，抽出更多的时间来陪伴孩子。

原本的冷战，在汪旭的自我反思和积极改善中，画上了句号。汪旭知道，虽然自己为家庭的物质生活作出了贡献，实际上妻子这几年来一边工作一边操持家务，还要照顾孩子，付出的更多。为此，汪旭理智地进行思考，想出了合理的解决方案。

汪旭的自我反思，也让莉莉调整了思路，改变了态度，不再抱怨汪旭，而是想起了汪旭这几年来为了家庭在外奔波，身边连个照顾他的人都没有，实际上也非常无奈。就这样，夫妻俩对家庭生活的艰辛和幸福的感悟，让他们产生了同理心，不约而同地理解和认可了对方，从而使冷战结束，全家都恢复到最初幸福、快乐的状态。

同理心，顾名思义，就是能够站在他人的立场上去思考问题。

心理学家将同理心大致分为两种：一是尝试去接受、了解对方的观点和思考模式；二是贴近去体验对方的感受。当你把自己当作对方时，你的思想、态度都会得到一个转变。比如，甲经常抱怨工作量大，领导尖酸刻薄，老板迟迟不肯涨薪。如果他站在老板的角度来看待这件事，则会变成：职员工作效率不高，某些职员偷奸耍滑，公司收益较低，再这样下去只会加重公司的危机。

同一件事情，站在两个不同的角度来看，他们的思维方式、态度却有着 360° 的反差。因此，在与人相处时，利用同理心能使我们的沟通更顺畅。

不管是跟爱人、朋友，还是跟同事、客户，我们都很容易因为观点相左而发生争执。起初，可能只是某个观点不契合，但当双方缺乏沟通和理解时，就会逐渐变得自我，都认为自己的想法是正确的，并开始埋怨对方不懂得体谅自己。此时，矛盾就会积攒起来，到达某一程度时，便会爆发。

下面这一句话就显示出了重要性：先处理心情，再处理事情。

当发生冲突、矛盾时，我们要先让自己平静下来，尝试着理解对方的感受，然后再协商解决办法。当我们能做到从对方的角度思考问题时，就能轻松地理解、宽容他的错处。

总之，想要家庭和睦，我们就要拥有一颗同理心。

5. 阶段式说服，对方更容易接受

关键说话技巧

我们天生就拥有敏感性和警惕性，当对方的请求涉及自己的利益、原则时，我们会毫不犹豫地拒绝。但是，如果对方只是提出一个容易办到的请求时，出于照顾情面的心理，我们往往会答应对方。

这是人性的弱点，抓住这个弱点并加以利用，它就会成为我们要求某人做某事的最佳道具。

什么是阶段式说服？就借钱这个问题来说吧，如果甲向你借 1 万元，你会马上拒绝他，但如果他向你借500元，你则会答应他的请求。

心理学家将这种心理现象称为“得寸进尺效应”，就是在刚开始时，向对方提一个容易接受的请求——等对方答应以后，再提出更多的请求，从而一点点达到自己的目的。

尽管一次性提出要求和阶段性提出要求没有本质上的区别，但人们往往更容易接受后者。

阶段式说服不但能运用到社交中，在婚姻中也能起到相当不错的作用。

小嫚因为买房子的事跟老公吵闹了好几年，从订婚开始，她就要求老公在市中心买房。老公好好好地答应着，可结婚三年了，连房子的影子都没瞧见。

小嫚一想起这件事就生气，总是催问老公：“当初你说好要买房子的，可结婚都这么久了，房子呢？”老公向她解释：“我们现在这样不是也挺好的吗？租房住和买房住也没有太大的差别呀。”

小嫚则不依不饶，非让老公把公公婆婆在郊区的两套房子卖了，重新在市区买一套房子。这话说得多了，老公听着就烦，怒斥她没有孝心，说：“买房子是一天两天就能买的吗？那两套房子是我爸妈养老用的，我警告你，再打这种歪主意，咱俩就别过了！”

小嫚听了这话，心凉了半截，一边哭一边闹，说老公压根儿就没想过买房，一直都在欺骗她。老公听到这些话更生气，怒骂她跟自己结婚就是看中父母的房子了，最后摔门而去。

造成这种局面，小嫚和老公都有错，两个人都不懂如何沟通，借着怒火将气话、埋怨一股脑儿地说了出来。如果他们懂得一些沟通技巧的话，便能理解、体谅对方的心情和态度，至少也不会闹到这般田地。

相比小嫚，倩倩对阶段式说服用的是得心应手，每次她有什么计划时，都会先跟老公提出一个小要求，而老公每次都在她的糖衣炮弹下答应了。

有一回，倩倩计划国庆假期进行欧洲游，但老公对旅游这件事早有意见，他才不愿意花那么多钱去“瞎逛”。晚饭后，两个人躺在沙发上看电视，倩倩漫不经心地问：“老公，国庆假期你有什么打算呀？”老公回答没有计划，只想跟老同学聚一聚。

过了一会儿，倩倩指着一条旅游广告说：“老公，“十一”有活动呀！两人泰国之旅，现在报名立减1200元。”接着，她又算了一笔账，说如果现在报名，只要六千多元。

老公一听，觉得挺划算的，就让倩倩详细介绍。倩倩一边分析去泰国玩的好处、坏处，一边预计消费：“我觉得去马来西亚也很划算，你看，我们去三天四晚才九千多元，泰国现在去也不是那么好玩，老公，你觉得呢？”

在倩倩一步步的“套路”下，老公最后同意了去欧洲旅游，预计消费也从六千元变成了一万多元。

倩倩总能达成自己的目的，就是因为她掌握了老公的心理活动——当老公答应了切入正题之前的小请求后，对于后面的请求就很难拒绝了。这是人们的一种普遍心理，因为我们天生就有一种保持自己言行一致的倾向。

简单来说，就是在接受最开始的请求以后，如果拒绝对方后面提出的要求，我们就会觉得自己前后矛盾，从而强迫自己接受后面的请求。所以，当你想让对方答应你的某个请求时，不妨尝试用阶段式说服方法，让他一点点落入你的“陷阱”。

6. 你的角色是顾问而非保姆

关键对话技巧

家长应该扮演顾问的角色，指导孩子为人处世，而不应该包办、代替。

可怜天下父母心，每一个人当了父母后都希望自己的孩子从小到大不要经历磨难，一生顺风顺水。所以，很多父母都会为了孩子的将来手把手地告诉他们，哪件事应该怎么做、不应该怎么做以及绝对不能做，自认为对他们好而干涉他们，要他们按照自己的规划走。

但是，结果最终往往都是适得其反，孩子并没有成为他们预想中的那个样子，反而对他们的指手画脚非常厌恶，不愿听他们的话，经常使家庭关系变得不和谐、不融洽。

尤其是一些正处于青春期的孩子，他们的内心特别敏感，所以父母在与其沟通时的态度和语气就会变得十分重要。

如果父母开口就是命令式的语气，动辄“你应该认真学习”“你应该收拾书桌”“你不能出去玩”“你不能看电视”“你不能早恋”之类的，就像一个颐指气使的领导一样，要孩子必须对你言听计从，还得感恩戴德，那么孩子是不会顺着你的心意来的，只会变得更叛逆。

孩子是懂得辨别是非好坏的，他也明白父母这样做是为了他好，但父母的做法却不能让他认同。父母的束缚会让他觉得自己没有尊严，怎么做都是错——他只想得到认同，得到自由。所以，太过约束孩子，只会让他越行越远，变得不服管教。

每个孩子都渴望像大人一样受到尊重，领导型家长与孩子的沟通是不会有好结果的，往往会吃闭门羹。但是，如果能够换一种态度，换一种语气，用商量、引导的方式沟通，就会让孩子更容易接受你的建议，朝你设想好的方向发展。

比如，沟通中常用“我建议你应该收拾一下书桌，那是你每天都要用到的地方”“我觉得你可以考虑把脏衣服洗了，毕竟上面有细菌”“提醒你一下，你这样做可能会给你带来坏处”等说话方式，不仅能让孩子觉得自己受到了尊重，还能让他感觉到你对他的关心，知道你是真心为了他好。

培训班上曾有这样一对父母来咨询我。女儿珍珍小时候他们一直在外工作，无暇照顾她。在乡下爷爷奶奶的宠爱下，珍珍每天跟着小伙伴上树捉鸟，下河摸鱼，性格风风火火像个男孩子。

父母事业有所小成后，就把珍珍接回到身边，但他们觉得女孩子不能是这种性格，应该文文静静的，于是强硬逼着珍珍改。

珍珍觉得自己的性格没什么不好，不愿听从父母的命令。但是，父母却不顾孩子的意愿，非要让她改，一不听话就又打又骂。

在父母这样的手段下，珍珍用了两年时间终于改掉了原来大大咧咧的男孩子气，变得文静起来。

但是，没过多久父母就发现，珍珍并不是变得文静了，而是怯懦了——无论做什么事，整个人都是小心翼翼的，不敢开口说话，也不与人交往，每天都是一个人闷着。

父母又觉得这样更不好，太容易受欺负，长大了也没出息，于是又跟珍珍说："你还是变回原来的样子吧！"可是，从来都是关闭心扉要比打开心扉简单，一个人一旦自闭，变得胆小怕事，就很难再回到勇敢无畏的时候了。

父母急了，这样下去不行呀，必须改。无奈之下，只好又开始纵容珍珍，什么都随她的意。但结果却不随人意，珍珍在父母意愿的强制下，完全失去了个性，性子忽软忽硬，让人摸不着头脑。这对父母如今十分苦恼，完全不知道该怎么办了。

从这个事例中，我们能看出很多父母的影子，他们要不对孩子一点也不管，完全放任自流；要不就是强制性地管，得完全按照他们的要求做，稍有不顺就又打又骂。

这两种做法都是不对的。这样的父母是失败的家长，他们完全不懂得把握教育孩子的分寸。要知道，孩子可不像方向盘一样，任凭家长这个"司机"想怎么转就怎么转。孩子虽然小，也有独立的意识，所以在教育他们的过程中，一定要顾及他们自身的情况和想法。

当然，家长更不能一味地放纵——对孩子不闻不问，让他们自由发展，这样一来，他们可就真成脱缰的野马了。

从这方面来看，孩子的性格又像方向盘，需要父母这个司机时刻把握正确的方向，不断地引导和调整，不能一把转到底就没事了。更多的时候，孩子需要的是一个能够帮他出主意、处理问题支持他的想法并愿意把它付诸实践的顾问和参谋，而不是事事都为他打点好的管家。他想要依靠自己的努力解决问题，做出成就，而不是站在父母的肩膀上。

所以，在孩子的教育问题上，父母应该做孩子的顾问，既不应该一管到底，也不能什么都不管，而应该以引导为主，尊重孩子的意见，给他说话的机会，尽可能地让他发表自己的意见和看法，让他感受到自己在家庭中的重要性。

放手让孩子去成长，只需在关键时刻给他们指引一条正确的道路，让他们向好的方向发展，这才是父母应该做的。

7. 坏情绪不是说坏话的借口

关键对话技巧

很多家长往往对孩子要求多，自己能做到的却少。所以，要想让孩子养成耐心的习惯，就必须跟他们一起遵守规则——只有以身作则，才能更好地培养孩子。

杨杨的儿子元宝今年已经九岁了，上三年级，正是最调皮、最不听话的年纪。元宝非常聪明，但学习成绩一直处于中游，这一点让杨杨头疼不已。

元宝每次写作业总要找借口休息一下，不是要吃的就是要喝的，再不然就是嚷嚷着要上厕所，总之不能安安静静地坐在那里写完作业。别人家的孩子每天很早就把作业写完了，杨杨却要陪写到半夜。

这个星期天，杨杨要带着元宝去参加朋友的结婚喜宴，便要求他在周六的时候把作业全部写完。周六早上，吃完早餐快九点了，杨杨收拾好家务后，十点左右就辅导元宝写作业。

刚写了没两行，元宝就说："妈妈，我饿了，我要吃饼干。"

杨杨好言相劝："你才吃完早餐没多久，不能吃零食，那样消化不好。"

元宝不听，耍赖皮，非要吃。杨杨知道如果不满足他，他也一样不会写作业，一定闹个没完，于是就跟他商量："可以让你吃饼干，但必须等到你把数学作业写完才行。"

元宝答应了，但写了将近半小时后，又说要吃饼干，而且怎么说他也不听，杨杨只好拿饼干来给他吃。

磨磨蹭蹭地吃完饼干后，元宝才又开始慢悠悠地写作业。写了十几分钟，这位小皇帝又提出了要求——喝牛奶。杨杨这次直接拒绝，不予理睬。过了没多久，她接了个电话，一转身发现元宝不见了。

杨杨不用想就知道元宝一定是跑去厨房拿牛奶了，等看到他拿着一瓶牛奶回来，杨杨顿时就生气了："这是最后一次，你要是再不专心写作业，找理由乱跑，我就告诉你爸爸，让他晚上回来揍你。"

元宝听了这话，果真老实了挺长时间，把数学作业做完了。

做语文作业的时候，元宝拿一个不会的字问杨杨。杨杨一看题目，是个“热”字——她记得这个字元宝在二年级时就学过了，就让他自己再好好想想。

元宝低着头想了半天也没想起来，杨杨就生气了，一把抢过他的笔，推开他，狠狠地写下了“热”字。

过了一会儿，元宝又问杨杨一道题。这是看图写话，图非常清楚，事情的时间、地点、目的都有，只要描述出来就行了。杨杨骂元宝不动脑子，不告诉他，让他自己想。

元宝装模作样地“想”了半天，还是想不出来。杨杨爆发了，对元宝又打又骂，最后说：“你不认真写是吧？没耐心是吧？行，下次你再写到半夜，我也不管你了。”然后就真的不管他了。

元宝生气地说：“你自己都没有一点耐心，凭什么说我！”

是啊，从头到尾看下来，没耐心的到底是谁呢？元宝固然有不对的地方，但杨杨做的就对吗？她想让孩子变得有耐心，但她自己都做不到，又怎么能培养出孩子的耐心呢？

生活中，我们常常会听到一些家长对自己的孩子缺少耐心的抱怨，例如：

“你说你，一点也不比别人笨，但就是没有耐心，做事虎头蛇尾，老是半途而废。”“你这孩子怎么又是这样，这个字就不能好好写吗？写得跟蚂蚁爬似的，难怪老师给你扣分。”“我让你慢慢吃、慢慢吃，结果你看你又弄得一桌子都是饭粒，你能有什么急事啊？”诸如此类的情况，很是常见。

每位家长都抱着让子女成才的愿望，希望能培养出优秀、懂事的孩子。为此，他们做了很多努力，在孩子身上倾注了很多心血，希望孩子养成有耐心的好习惯，却总不能如愿。

那是因为，他们本身就缺乏耐心，做事毛毛躁躁的。父母不为孩子做出榜样，又怎么可能培养出孩子的耐心呢？

好习惯的养成是一个循序渐进的过程，但现实生活中很多家长都意识不到这一点，没有耐心去教导孩子，而是用非常急切的态度去对待孩子，巴不得孩子一下子就变得耐心十足。

这类家长，每当发现孩子出现一些不如意的情况时，就会非常武断地直接替孩子做决定，或者对孩子进行责骂。但是，这种方式并不能达到预期的目的，反而给孩子做了坏榜样。

父母是孩子的第一任“老师”，这句话不是没有道理的。孩子会下意识地向父母学习一些习惯，如果父母自己都脾气火暴，遇事不耐烦，孩子是不可能养成有耐心的好习惯的。只有父母在生活中做出榜样，懂得说话的艺术，孩子才能遇事冷静、有耐心，做事有始有终。

那么，家长如何做才能变得有耐心呢？

想想你们通常都是在什么情况下对孩子失去耐心、大发脾气的？没错，是情绪不好、感到累的时候。

身为父母，每天都要顶着生活的压力，工作劳累一天后身心俱疲，回到家再面对无法无天、不知体贴父母的小魔头，谁还会有好脾气？所以，要想变得有耐心，唯一的办法就是学会合理释放你的情绪，分解压力。